beck'sche reihe

bsr

Wer sind die ältesten Götter und Göttinnen? Was ist ein Mythos? Was unterscheidet Mythologie und Theologie? Wie viel PS hatte Pegasus? Welche Gottheit ersetzt alle anderen? Was richtete die Psychoanalyse in der Antike an? Was hat das Trojanische Pferd mit einem Computervirus zu schaffen? Was hat das Echo mit Narzissmus zu tun? Was ist der geheimste Mythos?

Alle, die sich die wunderbare Welt antiker Geschichten von Göttern, Fabelwesen, Helden und Abenteuern erschließen wollen, und alle, die verstehen wollen, weshalb und auf welche Weise unsere Kultur- und Geistesgeschichte bis heute von diesen Urerzählungen des Abendlandes geprägt wird, dürfen sich auf dieses kleine Buch freuen! Ulrike und Jörg Rüpke erschließen mit den 101 wichtigsten Fragen und ihren – in manchen Fällen überraschenden – Antworten auf gleichermaßen informative wie anregende Weise die Welt der Mythen der Griechen und Römer. Sie bieten eine allgemeinverständliche, unterhaltsame und eigenwillige Einführung in die märchenhafte Geisteswelt der Antike und ihre Bedeutung für die Gegenwart!

Ulrike Rüpke M. A. unterrichtet Alte Sprachen am Evangelischen Ratsgymnasium zu Erfurt; ihr Mann, *Jörg Rüpke*, lehrt als Professor für Vergleichende Religionswissenschaft an der Universität Erfurt. Im Verlag C.H.Beck liegt von demselben Autor vor: *Die Religion der Römer ([2]2006)* sowie *Zeit und Fest (2006).*

Ulrike und Jörg Rüpke

Die 101 wichtigsten Fragen

Götter und Mythen der Antike

Verlag C.H.Beck

Mit 20 Abbildungen im Text
und den 12 Taten des Herkules im Vorsatz

Originalausgabe

Satz: Fotosatz Reinhard Amann, Aichstetten
Druck: Druckerei C.H.Beck, Nördlingen
Umschlagentwurf: malsyteufel, willich
Umschlagabbildung: Leda und der Schwan,
Mosaik im Aphrodite-Heiligtum in Kouklia (Zypern),
nun Archäologisches Museum Kouklia,

Printed in Germany
ISBN: 978 3 406 60630 4

www.beck.de

Inhalt

Mythen fallen nicht vom Himmel 45

Was man über Götter wissen sollte 69

Einmal Olymp und zurück 84

Orientierung

Die Welt der antiken Götter und Mythen ist unendlich vielfältig. Nicht nur von einem einzigen Gott waren Geschichten zu erzählen. An jedem Ort verband man andere Geschichten mit seinen Göttinnen und Göttern. Solche Erzählungen wiederum konnten schnell ihre Gestalt wandeln. Jeder erzählte sie anders, je nach Zuhörerschaft, Gelegenheit und zeitlichen Umständen. Mal war dieses, mal jenes Detail wichtig, wurde ausgeschmückt oder weggelassen. Einzelne Geschichten konnten zu langen Erzählungen mit vielen Episoden ausgebaut oder aus unterschiedlichen Interessen heraus immer weiter verfeinert werden. Auch waren die Götter nicht überall dieselben. Andere Götter, andere Geschichten. Und wie die Götter nicht nur mit den Menschen in Kontakt traten, sondern auch untereinander, so mussten ihre Geschichten miteinander verknüpft werden. Dazu boten sich sehr verschiedene Wege an: die Übereinstimmung von Beteiligten; verwandtschaftliche Beziehungen; gleiche oder benachbarte Orte, Gleichzeitigkeiten oder zeitliche Folgen. Einzelne Motive konnten übertragen werden, Verwechslungen waren nicht auszuschließen.

Schon in der Antike bemühten sich manche, Ordnung zu schaffen, Verwandtschaften darzustellen, zeitliche Folgen zu konstruieren, Varianten derselben Erzählung zu vereinheitlichen oder bloß zu dokumentieren. Was dabei herauskam, war oft nicht mehr als eine weitere, neue Variante, ein weiteres Element in der unendlichen Welt von Erzählungen. Auch dieses Büchlein kann nicht mehr leisten. Es will besonders wichtige Gestalten und «stories», viel gelesene oder einfach besonders schöne Erzählungen vorstellen, es will versuchen, Verständnis für diese Art der Weltdeutung und Orientierung, der Festgestaltung und des Zeitvertreibs zu wecken. Daher will es kein Handbuch sein, nicht in einen Wettbewerb mit den ein- oder vielbändigen mythologischen Lexika und Handbüchern treten, die seit der frühen Neuzeit die antiken Erzählwelten zu ordnen versuchen. Es will vielmehr alte Geschichten in der Form, die ihnen der eine oder andere antike Erzähler gegeben hat, wiedererzählen. Das geschieht in einer Auswahl, die die Überlieferung antiker Texte im Mittelalter und das Interesse der Bewohner der antiken Mittelmeerwelt längst vor uns getroffen haben. So können Leserinnen und Leser einen Einblick nehmen, Geschichten kennenlernen, die auch heute noch – in ähnlicher oder ganz veränderter Gestalt, auf neue oder zeitlose Probleme bezogen – erzählt werden, in Schulen oder an Kinderbetten, auf der Bühne, in Romanen, in Filmen oder Hörspielen – und nicht zu vergessen: in der Musik und in vielen, vielen Bildern.

Dass unser eigenes Interesse von dem täglichen Umgang mit Mythen in Schule und Hochschule geprägt ist, soll nicht verschwiegen werden. Wir hoffen, dass das Buch Türen in die Antike wie die mythologische Bilderwelt der jüngeren Vergangenheit und Gegenwart öffnet, die uns selbst andere geöffnet haben, denen an dieser Stelle Dank zu sagen ist: unseren Eltern, denen wir dieses Buch widmen möchten: Barbara und Hans Dieter Rüpke sowie – *in memoriam* – Gertraude und Hans-Joachim Koss, Lehrerinnen und Lehrern in Schule und Universität, Regisseuren, Opernsängern und Schauspielerinnen, Kolleginnen und Kollegen am Evangelischen Ratsgymnasium zu Erfurt und an der Universität Erfurt, und nicht zuletzt unserer Tochter Irene, die uns manches wieder hervorkramen oder neu entdecken ließ.

Erfurt, im Frühjahr 2010 *Ulrike und Jörg Rüpke*

Grundfragen

1. Was sind Götter? Antike Städte waren nicht nur von Menschen bewohnt (und natürlich von Tieren!). Es gab einige weitere Bewohner, die Wohnsitz in der Stadt genommen hatten. Im archaischen Griechenland des achten und siebten Jahrhunderts v. Chr. wie im Italien des sechsten Jahrhunderts v. Chr. wurden Bautypen entwickelt, die klar erkennen ließen, dass in ihnen keine Menschen wohnten. Ob auf einem Unterbau von wenigen Stufen oder auf einem hohen Podium errichtet, hoben sich diese Gebäude von menschlichen Behausungen klar ab und boten durch ihre Lage an zentralen oder gar erhöhten Orten wie durch die oft monumentale Größe Orientierung im Stadtbild, waren der Stolz der Einwohnerschaft der Stadt. Der lateinische Begriff für diese Gebäude war einfach die Mehrzahl des Wortes für «Haus»: *aedes.* Wenn dieses Wort die Ähnlichkeit mit menschlichen Behausungen betonte, tat das Wort für das betreffende Grundstück das Gegenteil: Griechisch *temenos* und lateinisch *templum* betonen gerade das Abgegrenzte, das «Herausgeschnittene». Die Bewohner nämlich waren nicht nur einfach vornehmere, bessere, größere Menschen, sondern Götter, «Unsterbliche». Sie sahen besser aus, rochen besser, waren aus edlerem Stoff und vor allem: Sie waren viel, viel mächtiger.

Die Annahme, dass außer uns Menschen noch andere Wesen mit eigenem Willen und Wollen den Gang der Dinge in Natur und Geschichte bestimmen, ist wohl in allen Kulturen verbreitet, wenn sie auch nicht von jedem Einzelnen geteilt wird. Evolutionär scheinen solche Vorstellungen tief verankert zu sein; mit anderen Willensträgern, mit anderen Personen zu rechnen, auch wenn wir sie nicht sehen können, ist Grundvoraussetzung des Zusammenlebens in größeren Gruppen. Es bietet einfache Erklärungen und eröffnet Möglichkeiten des eigenen, menschlichen Handelns, wie es vielerorts im Umgang mit anderen, gerade auch Höhergestellten und Mächtigeren erprobt ist.

In vielen der kleinräumigen Kulturen rund um das Mittelmeer, in Küstenstreifen und Tälern, Städten und Hochebenen gewann im Laufe der ersten Hälfte des ersten Jahrtausends v. Chr. die Praxis, diese «Götter» menschengestaltig (anthropomorph) darzustellen, an Popularität. Diese Praxis als solche war wesentlich älter, verbreitete sich aber nun in den Trägerkulturen der griechischen Stadtstaaten und des späteren Römischen Reiches. Sie unterschied sich ebenso von der in Ägypten vorherrschenden Praxis, die Fremdheit auch dieser personalisierten Götter durch die Kombination von menschlichen Körpern mit Tierköpfen (oder ganz in Tierform) darzustellen. Sie unterschied sich auch von der verbreiteten Praxis, nur ganz gering gestaltete Zeichen als Götterbilder zu nutzen, fast unbearbeitete Baumstammabschnitte etwa oder große Steine. Die Menschengestalt der Götter ihrerseits ließ sich durch ihre Schönheit, wertvolle Materialien (wie Gold oder Elfenbein) oder gar monumentale Größe von Bildern von Menschen absetzen: Der Koloss von Rhodos, eine Darstellung des Sonnengottes Helios, ist das bekannteste Beispiel für Letzteres.

2. Wie können unsterbliche Götter Geschichte(n) haben? Die Götter der Griechen, Etrusker, Punier, Umbrer, Latiner, Römer – jedenfalls die meisten – waren Götter, deren Wirken man spürte. Manchmal täglich oder im Jahreslauf, vor allem aber dann, wenn es brenzlig wurde. Dann erschienen sie in der Schlacht, halfen bei der Geburt – oder ließen einen Schiffbrüchigen im Stich und ertrinken. Der zuletzt Genannte konnte davon nicht mehr erzählen, das stellten schon antike Beobachter fest. Aber an die großen Situationen, in denen der Beistand eines um Hilfe gerufenen Gottes nicht ausblieb, erinnerte man sich. So teilten manche Götter Geschichte mit den Menschen. Aber ein Gott, den man sich wie einen Menschen vorstellte, musste doch auch andere Geschichten haben! So ein Gott konnte Menschen auch besuchen, wenn sie ihn nicht anriefen oder erwarteten. Er konnte sich mit anderen Göttern streiten oder beraten.

Er – das ist schon falsch. Wenn man sich Götter nach menschlichem Muster vorstellte, mussten sie das grundlegendste Merkmal des Menschen teilen, die Geschlechtlichkeit. Es gab Göttinnen und Götter. Wenn Römer einmal überhaupt nicht wussten, mit welchem Gott sie es in einer schwierigen Situation zu tun hatten, schlossen sie Missverständnisse oder Beleidigungen aus, indem sie die Formel «Seiest Du Gott oder Göttin» verwendeten. Geschlecht aber hat Konsequenzen. Wo Geschlechtlichkeit ist, gibt es auch Liebschaften und Freundschaften, Ehebruch und Vergewaltigung. Und auch das konnte Folgen haben. Waren die Götter auch unsterblich, so mussten sie deswegen nicht ungeboren sein. Kinder wurden gezeugt und verschlungen, wurden groß oder blieben kindisch. Verwandtschaftsverhältnisse konnten nicht nur bei Menschen allerhand erklären oder provozieren. Das Privatleben der Götter – das war nicht nur ein beliebtes Feld für Spötter, sondern auch für Gesellschaftstheoretiker. Zeus und Hera, das Ehepaar an der Spitze der griechischen Götterwelt, boten ein Musterbeispiel, um über Geschlechterdifferenzen nachzudenken.

Vor allem die griechische Kultur bot Gelegenheiten, solches Nachdenken öffentlich zu machen, in der hier erfundenen Bauform und Institution «Theater», in Traditionen von Dichtung und Gesang. Die dem frühgriechischen Dichter Homer zugeschriebenen «Homerischen Hymnen» waren Muster, um ganze Götterbiographien zu entwickeln. Förmlich zwar Gebete und keine Erzählungen, zielten sie auf die Überredung der angesprochenen Gottheit, indem sie diese an ihre früheren Taten erinnerten. Die Frömmigkeit des oder der kollektiv Bittenden wurde unter Beweis gestellt, indem diese ihr Wissen über die Gottheit, beginnend mit deren Herkunft, vorführten.

3. Was ist ein Mythos? Ein Mythos ist eine Geschichte, eine Erzählung, eigentlich bloß eine «Äußerung». Das Wort stammt aus dem Griechischen und es waren griechische Autoren, die das Wort zu einem festen Begriff zu entwickeln versuchten. Damit entstand eine Vorstellung, die erst die lateinische und dann die neuzeitliche Aufnahme des Wortes geprägt hat. Woran dachten die Schriftsteller und Denker des fünften und vierten Jahrhunderts v. Chr.? Aristoteles dachte in seiner Poetik einfach an den Inhalt, die Handlung solcher Erzählungen. Herodot und Thukydides, die Väter der europäischen Geschichtsschreibung, engten den Begriff ein, um ihr eigenes Schreiben von Mythen abzusetzen. «Mythos» und «Geschichte» *(historia)* wurden Gegenbegriffe. Damit war Mythos noch keine Lügengeschichte, aber doch eine Erzählung, deren historischer Wahrheitsgehalt nicht zu überprüfen war. Wo andere Informationen fehlten, konnte man auf solche Geschichten verweisen, aber man hütete sich zu behaupten, dass es tatsächlich so gewesen sei.

Platon verfolgte eine andere Linie. Er setzte dem «Mythos» den «Logos» entgegen. Auch dieser Gegensatz mag heute schärfer klingen, als er damals war. Ein «Logos» oder mehrere «Logoi» waren zunächst auch Äußerungen, Darstellungen, in manchen Fällen sogar Geschichten. Das konnte sich auch auf Götter oder religiöse Dinge, etwa den Sinn von Ritualen beziehen. Aber auch hier gab es eine Interessengruppe, die ihr eigenes Tun mit Hilfe dieses Begriffes neu zu bestimmen suchte. Schon für die vorsokratische Philosophie war der Logos zu einem Schlagwort für das Argumentieren, für das rationale Argument geworden. Wollte man dagegen mit Mythen argumentieren, musste man sie deuten, auslegen. Ansonsten waren es einfach Geschichten ohne rational überprüfbaren Wahrheitsgehalt. Manche Verfasser von Rednerhandbüchern der späteren Zeit gingen sogar noch weiter und verbanden mit dem Unüberprüfbaren das Unwahrscheinliche. Mythen waren damit in einem gewissen Sinne unglaubwürdig.

Dennoch, sie wurden erzählt, verbreitet. Das ist demnach auch einer der wichtigsten Ansatzpunkte, Mythen heute zu verstehen. Es sind zunächst einmal traditionelle Erzählungen. Und warum werden sie traditionell, das heißt immer wieder erzählt? Weil sie etwas bedeuten. Diese beiden Definitionselemente erlauben, viele Erzählungen in vielen Kulturen – gerade auch solchen, die das Wort «Mythos» nicht benutzen – als «Mythen» zu verstehen und so miteinander vergleichbar zu machen. Dabei verweisen beide Elemente aufeinander: Die Bedeutsamkeit führt zur Wiederholung, zur Tradierung der Erzählung. Und umgekehrt kann die tradierte, die geläufige Erzählung dazu benutzt werden, immer wieder neue Sachverhalte zu illustrieren oder Probleme zu beleuchten. Sie wird mit Bedeutung aufgeladen. In Gesellschaften ohne oder mit eingeschränkter Schriftlichkeit ist das eine Überlebensvoraussetzung für Erzählungen. Wenn Schrift aber nicht nur für Abrechnungen und Königslisten zur Verfügung steht, sondern auch für Mythen? Dann können sich auch Erzählungen halten, die ihre aktuelle Bedeutung verloren haben, die nur für wenige ursprüngliche Adressaten bedeutsam gewesen sind. Dann stellt sich späteren Leserschaften die Aufgabe, alte Bedeutungen zu entschlüsseln oder neue zu erfinden.

4. Was unterscheidet den Mythos von Märchen? Nicht alle traditionellen Erzählungen können sinnvoll als Mythen angesprochen werden. Ein solcher Grenzfall ist die Geschichte von Psyche und Amor beziehungsweise Cupido.

Psyche, die jüngste von drei schönen Töchtern eines Königspaars, übertraf nicht nur ihre Schwestern, sondern jedes Menschenmaß an Schönheit. So wurde sie von allen bewundert, ja wie eine Göttin angerufen und verehrt. Selbst Venus, die Göttin der Liebe, fühlt sich von ihr in den Schatten gestellt. Sie hetzt ihren Sohn (Cupido) auf diese, damit sie sich in den allergemeinsten Menschen verlieben möge. Inzwischen aber hat Psyches Vater ein Orakel erhalten, das ihn veranlasst, die Tochter zur Hochzeit zu rüsten und auf einer steilen Klippe zu platzieren. Das geschieht. Psyche wird aber nicht in den Tod, sondern in einen Palast hinabgetragen, in dem sie verwöhnt wird und schließlich mit einem unsichtbaren Gatten das Bett teilt. Gegen seinen Willen gelingt es ihren beiden Schwestern, Kontakt mit Psyche aufzunehmen. Schließlich, als sich durch eine Schwangerschaft Psyches Familienglück bereits zu erfüllen beginnt, bewegen sie sie dazu, die Unsichtbarkeit des Gatten zu gestehen. Aufgehetzt versucht sie ihn mit nächtlichem Licht zu identifizieren – und entdeckt Cupido, den Gott des Begehrens mit seinen Pfeilen. Sie verletzt sich mit dem Pfeil (mit den bekannten Liebes-Folgen der von Cupido verursachten Verletzungen), ihn mit dem Öl der Lampe. Es kommt zur Trennung und Rückkehr der Psyche. Vergeblich versuchen die Schwestern, Psyches ursprüngliches Glück nachzuvollziehen, stürzen aber beide tödlich von der Klippe. Psyche aber gelingt es mit Hilfe Jupiters nach langen Wanderungen sich mit Cupido wieder zu vereinen. Venus wird umgestimmt, in aller Pracht wird Hochzeit gefeiert.

Was wir vor allem aus den Büchern vier bis sechs der «Metamorphosen» des Apuleius kennen, kommt uns seltsam bekannt vor. Es geht nicht um die auch sonst bekannte Psyche oder eine wichtige Episode aus dem Wirken des Gottes, dessen Namen «Begierde» heißt. Auch dass das gemeinsame Kind am Ende «Wonne» (Voluptas, durchaus im sexuellen Sinne gemeint) heißt, ist nicht wirklich wichtig. Was die Geschichte vorantreibt, sind einzelne Motive: Die Dreizahl der Schwestern, der Gegensatz von guten und bösen Schwestern, die schließlich gelingenden Versuche, die Gattin zur verbotenen Aussage über den Gatten zu drängen, zum Versuch, seine Identität festzustellen, die erzwungene Trennung der Liebenden. Eine «leichte Erzählung» und «Altweibergeschichte» nennt Apuleius das, wir nennen das üblicherweise Märchen. Was hier zählt, sind die Motive und ihre «Moral», die Personen sind fast beliebig. Insofern berührt sich das Märchen hier mit der Fabel, die dasselbe in tierischer Gestalt zu erreichen sucht.

Aber Märchen und Mythos liegen so weit nicht auseinander. Sie teilen das Merkmal der «traditionellen» Erzählung. Dieselbe Zeit, die die Brüder Grimm deutsche Märchen sammeln ließ, eröffnete auch einen neuen Blick auf die antiken Mythen. Auch hier versprach die Traditionalität Aufschluss über den «Volksgeist» zu geben, aus dem heraus sie entstanden waren. Dem frühen neunzehnten Jahrhundert wurde es wichtig, aus welcher Landschaft, aus welchem Stamm die Erzählungen kamen. Was vorher «antike Mythologie» gewesen war, begann sich in griechische und römische Mythen zu scheiden.

5. Was unterscheidet Mythen von Legenden? Die Frage wird häufig gestellt, sie ist aber nicht sinnvoll. Das hängt mit dem Begriff der «Legende» selbst zusammen. *Legenda* heißen im kirchlichen Latein des Mittelalters «zu lesende» Texte. Das bezieht sich – außerhalb des Kanons der biblischen Texte – auf genau bestimmte Anlässe im christlichen Gottesdienst wie im klösterlichen Leben. Gelesen wurde bei Tisch wie in Versammlungen im (man beachte das Wort!) Kapitel-Saal. Aber nicht nur Kapitel der Klosterregeln (zumal der Regel des Klostergründers Benedikt von Nursia aus dem sechsten Jahrhundert) kamen zur Verlesung. Von großer Bedeutung waren Geschichten von Heiligen, Teile oder ganze Lebensbeschreibungen von Märtyrern, Jungfrauen, Bischöfen oder heiligmäßig lebenden Mönchen, ihre (oft zahlreichen) Wunder und ihr Tod. In der neuzeitlichen Forschung hat sich hieraus ein Gebrauch des Begriffs «Legende» entwickelt, der erfundene Erzählungen mit historischem Kern zusammenfassen will. Inhaltlich entspricht das dem Begriff der Sage, aber Sage betont die mündliche Überlieferung, Legende die Schriftlichkeit. Tatsächlich haben sich diese Unterscheidungen nicht als hilfreich erwiesen. Die Legenden stellen historische Berichte, fiktive Erzählungen über historische Personen und Heiligenviten, in denen nicht einmal der Heilige historisch ist, zusammen, ohne dass sprachlich Unterschiede erkennbar sind. Es sind Ergebnisse mühsamer historischer Forschung, die das eine vom anderen trennen – oder wenigstens die unterschiedlichen Grade der Wahrscheinlichkeit zu bestimmen versuchen.

Dass wir Heiligengeschichten als Legenden, antike Heroengeschichten als Mythen bezeichnen, ist eine Konvention, die nicht mehr hilfreich ist. Sie verhindert, das Gemeinsame zu sehen, das Gemeinsame auf beiden Seiten: die Fiktionalität, das Erfundene; die Historizität, die nachweisbaren Elemente; und, vor allem, die Ähnlichkeiten in den sprachlichen Formen und den Anlässen. Auch Mythen waren «Legenden», waren Texte, die bei religiösen Anlässen vorgetragen, rezitiert oder gar aufgeführt wurden.

6. Wovon handeln Mythen? Wovon nicht? Fast alles, was wichtig ist, kann zum Gegenstand von Erzählungen gemacht werden und wurde dazu gemacht. Überblickt man die griechischen Mythen, so weisen sie einige Schwerpunkte auf. Die Entstehung der Welt (Kosmogonie) und der Götter (Theogonie) war einer von ihnen. Die Texte, die wir darüber haben, sind sehr unterschiedlichen Charakters. Hesiod versuchte, etwa am Ende des achten oder zu Beginn des siebten Jahrhunderts v. Chr., eine Systematik zu erstellen. Diese war ebenso komplex wie vage. Das ließ Raum für weitere Gestaltungen, die unterschiedlichen Zwecken dienen konnten, bis hin zur Frage, wie auch Menschen zu Göttern werden können. Im Vergleich mit altorientalischen Schöpfungsmythen bleibt die Phantasie griechischer Mythen unproduktiv. Eher füllten dann philosophische Texte diese Lücke, dachten über die Entstehung der Welt aus Feuer allein oder aus vier Elementen, aus Atomen oder aus dem göttlichen Verstand nach.

Götterbiographien spielen ebenfalls keine überragende Rolle. Wichtig waren natürlich Verwandtschaftsverhältnisse und Geburtsorte. Hier spielte Lokalpatriotismus eine bedeutende Rolle. Über die Vielzahl der Geburtsorte des Zeus machten sich antike Philosophen lustig; dass die Kreter nicht nur den Geburtsort, sondern auch das Grab zeigen konnten, irritierte diejenigen, die den Begriff des «Unsterblichen» konsequent weiterdachten.

Die Masse griechischer Mythen konzentrierte sich auf die Zeit des Trojanischen Krieges und die – in unklarer Chronologie – vorangehenden Generationen. Es war das Eingreifen der Götter in die Menschenwelt und der Aufstieg von Menschen in die Götterwelt, die das größte Interesse fanden. Kriegerische Großereignisse wie der Zug der Sieben gegen Theben oder der zehnjährige Feldzug der Griechen gegen die Trojaner gaben einer Vielzahl von Handelnden und Geschichten Platz. Als Mobilisierung von ganz Griechenland erlaubten es diese Mythen, ebenso unterschiedliche Orte und Stämme wie zahlreiche Göttinnen und Götter in die Geschichten einzubinden.

Gründungsmythen von Städten bildeten eine weitere Schicht. Sie verbanden sich über die handelnden Götter und Heroen mit den weiteren Erzählkreisen, zielten aber vor allem auf den einzelnen Ort und verhalfen seinen Bewohnern zu einem würdigen Platz in der griechischen Welt.

So wie sich die Mythen der aus zahllosen Städten («Poleis») bestehenden, aber eine Sprache, viele Erzähltraditionen und große Feste – wie die Olympischen Spiele – teilenden hellenischen Welt von den Mythen der altorientalischen Reiche absetzten, unterschieden sich die Gegenstände römischer Mythen von den griechischen. Sie konzentrieren sich vielmehr auf die Geschichte und unmittelbare Vorgeschichte der Stadt Rom und Latiums. Neben alldem traten zunehmend neue religiöse Gruppen auf, die neue Mythen mitbrachten und hervorbrachten: Juden mit einer schon lange schriftlich fixierten Erzählwelt; Anhänger der Göttin Isis, die Texte aus dem Ägypten der Pharaonen wie der hellenistischen Ptolemäer importierten und weitererzählten; Mithras-Anhänger mit Erzählungen, die persische Motive mit philosophischer Spekulation kombinierten; Christen schließlich, die Geschichten eines jüngst hingerichteten Juden aus Syrien-Palästina, nämlich Jesus, und mit Blick auf dieses Muster immer neue Geschichten von Verfolgten fast der eigenen Gegenwart erzählten.

7. Wann endete die mythische Zeit? Mircea Eliade, der große rumänische Religionswissenschaftler, hat die mythische Zeit als eine große Projektionsfläche außerhalb jeglicher historischer Zeit verstanden. «In jener Zeit» war die Welt noch heil, wurden die Rahmenbedingungen menschlichen Daseins und Glücks formuliert. Von jener Zeit zu erzählen, sie in Ritualen zu vergegenwärtigen, sich selbst so in sie hineinzustellen, ist der einzige Weg dorthin zurück. Das leistet Religion.

Eliade hat sicher auf einen wichtigen Funktionsmechanismus von Mythen hingewiesen. Für die antiken Mythen und die Frage des Endes der mythischen Zeit ist das aber nur eingeschränkt hilfreich. Das Ende der mythischen Zeit ist für die Griechen kein inneres Merkmal der Mythen. Die Grenze wird von außen bestimmt: Wieweit gelingt es der neuen Form menschlichen Nachdenkens über die Vergangenheit, nämlich der Geschichtsschreibung, zurückzukommen? Die Scheide bildet schließlich der Trojanische Krieg, dessen Historizität für die Antike außer Zweifel stand. Herodot setzte ihn acht Jahrhunderte vor seine Zeit, also in die Mitte des dreizehnten Jahrhunderts v. Chr., Eratosthenes, ein Forscher des dritten Jahrhunderts v. Chr., datierte ihn auf 1184/3 – derselbe Eratosthenes, der auch die Chronologie der Olympiaden sicherte.

Offensichtlich ist die Wahl dieses Zeitpunktes willkürlich, nicht zuletzt bestimmt vom Willen, die griechische Anwesenheit und Herrschaft an der kleinasiatischen (heute türkischen) Küste als geschichtliches Faktum zu behandeln. Faktisch boten die vorhandenen Überlieferungen kaum Möglichkeiten, die «dunklen Jahrhunderte» bis zur Formierung und schnellen Expansion der griechischen Städte seit dem achten Jahrhundert zu überbrücken; hier weiß erst die heutige Archäologie und Sprachwissenschaft mehr über die tatsächliche Kontinuität. Für diesen Zeitpunkt sprach auch die von Hesiod formulierte Theorie, dass das gewaltige Schlachten des Trojanischen Krieges das Ende des Zeitalters der Heroen gebildet hätte. Für griechische Mythen spielen vor allem die Ereignisse der Zeit bis zum Trojanischen Krieg eine zentrale Rolle, hier handeln Menschen, Heroen und Götter in engstem Kontakt miteinander.

Auf römische Mythen lässt sich das chronologische Schema nicht übertragen. Wo wir römische Chronologien seit dem zweiten Jahrhundert v. Chr. sehen können, setzen diese schon immer die griechischen Chronologien voraus. Die Datierung der Gründung Roms erfolgt unter Bezugnahme auf den Fall Trojas, ist also ein Datum griechischer Geschichte. Für eine Trennung von Mythologie und Geschichte spielt das keine Rolle; während am Ende des ersten Jahrhunderts v. Chr. der augusteische Geschichtsschreiber Livius Skepsis gegenüber den Gründungsgeschichten äußert, führt sein griechischer, aber ebenfalls in Rom schreibender Zeitgenosse Dionysios von Halikarnassos diese Periode in vielen Details aus. Christlich-jüdischen Geschichtsschreibern gelingt es wenige Jahrhunderte später, eine historische Chronologie der Welt bis zu Abraham oder gar zur Schöpfung zurückzuführen. Eines aber teilen alle diese Chronologien: Sie rechnen mit einer sehr kurzen Zeit bis zur Weltentstehung, wenige Jahrtausende vor der eigenen Zeit. Das unterscheidet sie etwa von asiatischen Geschichtsvorstellungen deutlich.

8. Was unterscheidet Götter und Heroen? Schon in den frühen Versuchen griechischer Literaten, Mythen und mythologische Inhalte zu ordnen, werden Götter und Heroen strikt unterschieden. Heroen sind Sterbliche, Götter Unsterbliche. In den Epen des Homer sind die Heroen die kämpfenden Menschen, klar abgesetzt von den nur gelegentlich von ihren Wohnsitzen her eingreifenden Göttern. Aber nicht jeder Mensch ist ein Heros. Die Bezeichnung kommt in diesen Texten den großen Menschen zu. Oft handelt es sich um Halb-

Abb. 1: Der Argonaute Jason entreißt dem Drachen mit Hilfe Medeas das Goldene Vlies. Römisches Relief

götter mit einem göttlichen Elternteil. Größe kann sich aber auch im Kampf, in der Lebensführung erweisen. Der Mensch stirbt, er hat ein Grab, bleibt aber über den Tod hinaus machtvoll, wird wie ein Gott verehrt, unter die Götter aufgenommen.

Diese Unterscheidungen scheinen auf eine religionsgeschichtliche Entwicklung zu reagieren, die nur wenig älter ist. Heroenkulte lassen sich seit etwa dem achten Jahrhundert v. Chr. nachweisen. Im Zuge der Stadtgründungen dieser Epoche werden neue göttliche Gestalten «erfunden», werden Kulte für ganz ortsspezifische Gottheiten eingerichtet. Diese Kulte schließen sich an Gräber von Gründern, an alte Traditionen «echter» Götter oder an neue Importe an. In seinen Formen ist der Heroenkult äußerst vielfältig und oft nicht vom Götterkult zu unterscheiden. Das gilt für die Gestaltung der Kultstätten, die «richtige» Tempel einschließen können, wie für die Kultformen, die auch das übliche Tieropfer mit anschließendem Bankett beinhalten. Der Wunsch der Texte, Ordnung zu schaffen, nimmt darauf keine Rücksicht. Solche Figuren werden konsequent als ehemalige Menschen geschildert.

So entstandene Heroen können dann auch in der Form der Erzählung auf Wanderschaft gehen und andernorts zu Empfängern von Kult werden. In den großen Erzählungen und Systematisierungen der Fahrt der Argonauten, des Zuges der Sieben gegen Theben und des Trojanischen Krieges finden sie Platz und erlangen gesamtgriechische Bedeutung.

In diesen Formen lernte man die griechischen Heroen auch in Italien kennen. Aber Heros blieb im Lateinischen ein Fremdwort, wurde nicht zu einer eigenen Klasse mythischer Gestalten. Für die Römer der republikanischen Zeit umfassten die Worte *dei* oder *divi* alle Arten von Göttern und Vergöttlichten. Dass die vergöttlichten Kaiser dann immer *divi* genannt wurden, war eine Entwicklung der Kaiserzeit, die dem im ersten Jahrhundert v. Chr. geäußerten Vorschlag, gerade diesen Begriff für die alten Götter zu reservieren, glatt widerspricht.

9. Was verbindet Mythos und Geschichte? Erstaunlich viel. Folgt man griechischen Geschichtsschreibern, lag die mythische Zeit vor der geschichtlichen, und Sicheres lässt sich über Erstere nicht sagen. Römische Geschichtsschreiber nahmen eine solche prinzipielle Trennung nicht vor. In der Einleitung zu seiner Geschichte Roms unterschied Livius zwar die Epoche, als an Rom noch gar nicht zu denken war, und die unmittelbare Vorgeschichte Roms von der eigentlichen Stadtgeschichte. Aber es ist ein bloßes Überlieferungsproblem, dass für diese Zeiten eher Fiktionen als Dokumente vorliegen. Auch für die Frühzeit der Stadt muss es akzeptiert werden, dass sie durch die Einbeziehung von Göttern an Erhabenheit gewinnt.

Das Problem reicht aber weiter. Auch wenn die römische Geschichtsschreibung die Folgezeit als historisch annahm (und wir ihr darin bis zum Beginn des neunzehnten Jahrhunderts gefolgt sind): Kritische Geschichtsschreibung kommt kaum über das späte vierte Jahrhundert v. Chr. hinaus. Vieles von dem, was für die Zeit zwischen dem später errechneten Gründungsdatum 753 v. Chr. und dem Beginn schriftlicher Aufzeichnungen und Protokolle am Ende des vierten Jahrhunderts v. Chr. erzählt wird, ist Fiktion. Es sind gerade Episoden aus dieser Epoche, die von römischen Rednern, auf dem Platz der Volksversammlung wie vor Gericht, angeführt werden. Es sind gerade Episoden aus dieser Epoche, die das Selbstverständnis dessen ausmachen, was Römer zu sein heißt. Und es sind gerade Episoden aus dieser Epoche, die das grundlegende Funktionieren der aufeinanderfolgenden römischen Republiken – man kann kaum von einer Republik sprechen angesichts der mehrfachen massiven Verfassungsumbrüche – illustrieren.

Mythen und klassische Geschichtsschreibung teilen vor allem das Merkmal, dass sie Erzählung sind. Erzählungen bringen Personen und Ereignisse in Verbindung, lassen Ereignisse aus dem Handeln von Personen hervorgehen. Erzählen erzeugt Zeit, erzeugt eine Abfolge von Handlungen und Ereignissen, die Vorher und Nachher unterscheiden lassen. Mythen wie Geschichtsschreibung erzählen nicht aus der Ich-Perspektive. Der allwissende Erzähler weiß, was die unterschiedlichen Handelnden zusammenführt, steht über den Dingen. Das erzeugt Abstand und Autorität. Auch der historische Erzähler will eine glatte Geschichte erzählen, eine glaubhafte und schöne. Er erfindet Reden, wie sie gehalten worden sein könnten. Nur selten diskutiert er Alternativen – aber das tun kritische Mythenerzähler wie Kallimachos und Ovid auch. Erst die Geschichtsschreibung des Bischofs Eusebios im frühen vierten Jahrhundert n. Chr. zitiert und diskutiert umfangreich Dokumente und die Identität von Briefschreibern. So bleibt vor allem ein Unterschied: Die Geschichtsschreibung kennt Vorzeichen, aber handeln müssen die Menschen selbst. Das nimmt ihnen kein Gott ab.

Die Zusammenfassung des Trojanischen Krieges durch den Historiker Thukydides im ersten Buch seines «Peloponnesischen Krieges» zeigt, wie brüchig die Trennlinien sind. Bezweifelt wird nicht die Historizität des Krieges und seiner Akteure. Kritisches Nachdenken über wahrscheinliche Ursachen ist das Markenzeichen des Historikers. Über Agamemnon schreibt er gegen die Darstellung des Dichters Homer, dass sich seine Rolle als Heerführer aus seiner Machtposition erkläre. Nicht ausschlaggebend sei die Verpflichtung der übrigen Bewerber um Helena durch einen Eid gewesen. Aus Furcht vor dieser Macht hätten sich die anderen angeschlossen. Dass sich Troja zehn

Jahre verteidigen konnte, ist aus den Problemen der Kriegsfinanzierung zu verstehen. Die ausgesandten Heere hatten klein sein müssen, um sich auf dem Kriegsschauplatz ernähren zu können; ein beträchtlicher Teil war dann dort durch landwirtschaftliche Tätigkeit und Plünderzüge gebunden. Mit dem unter Waffen stehenden Rest wurden die Trojaner lange Zeit fertig.

10. Was heißt Aitiologie? Nicht alle Mythen beschäftigen sich mit der Weltgeschichte oder mit großen Göttern. Ein Beispiel bietet ein römischer Dichter augusteischer Zeit, Properz. In einer kurz nach 16 v. Chr. veröffentlichten Sammlung von Gedichten, die er unter das Motto «Kulte und Festtage» stellt, berichtet er Folgendes:

Herkules trieb einmal seine Rinder zum römischen Hügel Palatin. Ein einheimischer Dieb, Cacus, stahl sie ihm, indem er sie – rückwärts, um das Versteck zu verbergen – in eine Höhle trieb. Gebrüll verriet ihn, Herkules erschlug ihn. Auf dem «Rindergefilde», wohin Letzterer seine Herde getrieben hatte, packte ihn Durst. Ein schattiger Hain versprach Erfrischung, doch verweigerten ihm die hier spielenden Mädchen den Einlass: Zutritt für Männer verboten. In einer – selbst wiederum! – mit mythischen Beispielen (etwa von der Göttin Juno) gespickten längeren Rede erbat er Eintritt, doch blieb er bei der zuständigen Priesterin ohne Erfolg. Das wurde ihm zu viel. Gewaltsam erzwang er sich Zutritt. Aber er stillte nicht nur den Durst. Vielmehr errichtete er einen «sehr großen Altar» aus Dank für die wiedergefundene Rinderherde und versah ihn mit der Auflage, dass ihn kein Mädchen je verehren dürfe, um so seinen Durst auf ewig zu rächen.

Was in dieser Erzählung passiert, ist ziemlich offensichtlich. Dicht bei dem am Tiberufer gelegenen römischen «Rindermarkt» befand sich eine *Ara maxima,* ein «größter» beziehungsweise «sehr großer Altar» genannter Kultplatz, an dem Herkules verehrt wurde. Hier weihten erfolgreiche Kaufleute oder Generäle einen Zehnten ihres Gewinns oder ihrer Beute, hier brachten römische Magistrate wichtige Opfer dar. Der Ausschluss von Frauen von diesem Kult war erklärungsbedürftig. Der Mythos liefert einen Grund, eine, wie es lateinisch heißt, *causa,* griechisch: ein *aition.* Darin liegt das Interesse des Textes. Man bezeichnet solche Texte als «aitiologische Mythen». In der Form einer Erzählung erklären sie, warum etwas so ist, wie es ist: Das, was ist, ist etwas Gewordenes, oft unter Einfluss der Götter Gewordenes. Solche Texte waren verbreitet. Oft konkurrierten mehrere

Erklärungen für dieselbe Sache, eine geographische Besonderheit, eine kulturelle Einrichtung. Nicht alles muss stimmen: In der Erzählung dankt nicht Herkules sich selbst für die Wiederbeschaffung, der Adressat des Kultes müsste also gewechselt haben. An diesem Detail ist der Dichter aber nicht interessiert; als einer, der sich seinen Namen mit Liebesgedichten gemacht hat, ist die Konzentration auf den Gegensatz der Geschlechter viel interessanter. Das macht die Benutzung solcher Texte nicht immer einfach, denn gerade solche Texte sind oft die einzige Grundlage, einen Kult zu rekonstruieren. Wir müssen dem Dichter glauben, dass er eine tatsächlich vorhandene Regel über den Ausschluss von Frauen erklären wollte – und sie nicht einfach aus erzählerischen Gründen erfand.

11. Kann man griechische und römische Mythen unterscheiden?
Solange man in Mythen Antworten auf Lebensfragen sucht und solange man in Mythen ein uraltes Geheimwissen vermutet, ist die Unterscheidung von griechischen und römischen, dorischen und alexandrinischen, etruskischen und hethitischen Mythen unwichtig. Als es seit dem Ende des achtzehnten Jahrhunderts zunehmend unklar wurde, ob «die Alten» grundsätzlich die Besseren waren – der berühmte Streit, die *querelle des anciens et des modernes* –, und als die Mythen zu Texten wurden, die etwas über den Volksgeist eines antiken Stammes, von Italikern oder Ioniern, von Semiten oder Kelten, verrieten, standen solche Unterscheidungen auf der Tagesordnung. Wie war das mit der «klassischen Antike»?

Im Vergleich zu den mythischen Stoffen der erhaltenen griechischen Tragödien und Epen, der Gedichte und Sammlungen, fiel das Lateinische ab. Das Problem ist den alten Römern keines gewesen. Natürlich konnten sie sich – wie auch die Griechen – über die unwürdigen Geschichten erregen, die man von göttlichen Ehebrüchen erzählte. Aber das sprach nicht gegen den Unterhaltungswert griechischer Mythen. Schon früh hatte man sich zu der Praxis durchgerungen, fremde Götternamen, ob etruskische oder griechische, mit geläufigen eigenen zu übersetzen. Schon im sechsten Jahrhundert scheint man so griechische Erzählungen von Hephaistos oder Aphrodite auf römische Götter wie Vulcanus oder Venus übertragen zu haben. Griechische Stoffe in lateinischer Übersetzung füllten die römischen Theater seit dem späten dritten Jahrhundert v. Chr. Die homerischen Epen wurden in Rom gelesen, gar übersetzt (oder wenigstens zusammengefasst): Die «Odusia» des Livius Andronicus, in einigen Versen erhalten, gehört zu den ältesten Stücken lateinischer Literatur. Und auch spätere Literaten nahmen sich ihren Maßstab an griechischer Literatur.

Nimmt man all diese Institutionen als «griechisch» aus der römischen Kultur heraus, bleibt in der Tat wenig übrig. Die Suche nach ur-italischen Traditionen wird dann recht mühselig, die umfangreiche Produktion eigener Lokalmythen ist dann – wie die Texte, in denen man sie finden kann – im Vergleich zu den Griechen «spät». Daraus auf einen phantasiearmen Volkscharakter zu schließen, auf ein Bauern- und Kriegervolk, das keine Zeit zum Erzählen gehabt habe, war noch bis ins zwanzigste Jahrhundert plausibel. Die Kenntnis des mythischen Charakters römischer «Geschichte» und der intensiven und produktiven, und vor allem: frühen Aneignung importierter Mythen macht eine solche Position heute nicht mehr haltbar. Ein aitiologischer Mythos für ein römisches Ritual und ein lateinischer Mythos mit Figuren griechischer Herkunft *ist* römisch.

Bloß ein Mythos

12. Glaubten die Griechen an ihre Mythen? Diese Frage stellt der französische Altertumsforscher Paul Veyne in einem Buch gleichen Titels. Sein Versuch einer Antwort füllt dieses Buch und lässt sich doch kurz zusammenfassen. Veynes wichtigstes Anliegen war es zu zeigen, dass wir eine solche Frage nur missverstehen können. Unsere Wahrheiten sind andere als die antiken. Wenn wir von «Glauben» sprechen, kontrastieren wir das mit Begriffen wie «Naturwissenschaft», «Evolution» oder «rationaler Erkenntnis» – und meinen mit Letzterer vielleicht die in Großorganisationen wie Universitäten etablierte Wissenschaft. Solche Kontrastbegriffe besaßen auch die Griechen, aber es waren andere; Mythos und Logos, Mythen und Geschichte etwa.

Zweitens: Für die Griechen war die Wahrheitsfrage nicht die Frage, die ihnen beim Hören von mythischen Erzählungen als erste einfiel. Klingt es gut? Ist es stimmig erzählt? Ist der hier und jetzt entscheidende Punkt getroffen, der überhaupt den Anlass zur Erzählung geboten hatte – ein Rechtsstreit, ein Versöhnungsversuch, ein moralisches Problem, ein eingespieltes Ritual, das es aufs Neue interessant zu machen galt? Wollte man darüber professionell reden, bot die Rhetorik, die Lehre der Redekunst, dazu ein immer ausgefeilteres theoretisches Gerüst und Vokabular. Diodorus von Siculus (erstes Jahrhundert v. Chr.) wirbt selbst innerhalb eines Geschichtswerkes darum, das Handeln heroischer Personen auch in entsprechender Größe und nicht nach Alltagswahrscheinlichkeiten darzustellen.

Und noch ein dritter Punkt war Veyne wichtig: Menschliche Überzeugungen sind nicht stimmig, nicht konsistent. Wir hören in einem Moment gern, was wir in einem anderen als Unsinn entlarven könnten oder sogar tun. Wir denken anders über Politik, wenn wir einen Verdienstorden umgehängt bekommen und einer Lobesrede auf unsere eigene Person beiwohnen, anders, wenn wir eine große Versprechung auf einem Wahlplakat sehen. Veyne bezeichnet das in seinem Buch als «Balkanisierung der Köpfe». Hinzu tritt das Fehlen von Massenkommunikation. Die kritischen Überlegungen weniger Philosophen wurden nicht zu Alltagswissen – oder nur ganz allmählich und zeitweise. Gegen die institutionelle Übermacht der Inszenierung des Mythos an Bauwerken und in Statuenform, in Theatern und Liedern bei Volksfesten kommen die philosophischen Entwürfe, die die

Vielzahl der Götter durch die Einzahl oder allenfalls Vierzahl erster Prinzipien ersetzen, kaum an. Und einsichtiger waren sie, so musste man Veyne ergänzen, allemal nicht.

13. Wie konnte man mit Mythen Diplomatie betreiben? Erzählungen über die Gründer der Städte und weitere Mythen mit Bezug auf den eigenen Wohnort waren ein wichtiger Bestandteil des Selbstbildes einer Stadt. Sie waren Grund für die einzelnen Bürger, sich mit ihr zu identifizieren und stolz auf sie zu sein. Platon lässt Sokrates an diesem Gefühl teilhaben und im Dialog «Menexenos» sagen: «Wenn ich höre, wie sie die Toten aus dem letzten Krieg feiern und mit ihnen zugleich unsere Ahnen, unsere Stadt und uns selbst, fühle ich mich erhabener und vortrefflicher, und jeder der Zuhörer verspürt das gleiche Gefühl, so dass der ganze Staatskörper gestärkt daraus hervorgeht und ich drei ganze Tage brauche, um mich von dieser Aufregung zu erholen.»

Gemeinsame Vorfahren stärkten aber nicht nur das Band zwischen Bürgern. Sie konnten auch eine Brücke zwischen Städten bilden. Ein gutes Beispiel dafür liefert Pergamon im kleinasiatischen Mysien in der heutigen Türkei. Diese Stadt war zur Basis eines der Nachfolgerstaaten des Alexanderreiches geworden. Wie konnte man sich als Herrscher eines plötzlich aufblühenden «Kaffs» mit den Nachbarstädten und schließlich den zahlreichen Städten des griechischen Festlandes verständigen? Woher konnte ein Herrscher, der selbst keinen Stammbaum aufzuweisen hatte, die Gleichberechtigung seines neuen und schnell wachsenden Reiches auch im Ansehen erreichen? Attalos I. und Eumenes II. lösten dieses Problem zu Beginn des zweiten Jahrhunderts v. Chr. durch den Rückgriff auf Mythen.

Eine wichtige Rolle spielte dafür Telephos. Wie diese Geschichte im vorangehenden dritten Jahrhundert v. Chr. erzählt wurde, wissen wir nicht genau, können aber Grundlinien erkennen, die in attischen Tragödien des fünften Jahrhunderts v. Chr. auf die Bühne gekommen waren. Herakles hatte Auge, eine Priesterin der Göttin Athena, vergewaltigt. Ihr Vater, der König Aleos, will die Schwangere ertränken lassen, um sich vor ihrem zukünftigen Sohn zu schützen, den ihm ein Orakel als seinen Mörder verheißen hat. Während die Mutter, die inzwischen niedergekommen ist, nach Mysien gelangt, wird der Sohn Telephos von Hirschkühen gestillt, wird groß, erschlägt seine Verwandten und flieht zur Mutter. Andere Versionen lassen

Mutter und Sohn gemeinsam nach Kleinasien kommen. In Mysien gelangt Telephos auf den Thron des Ortes Teuthrania. Dieser Ort wird fälschlich von den nach Troja ziehenden Griechen angegriffen; Telephos wird verwundet, aber dann gepflegt, nach Argos in Griechenland gebracht und geheilt.

Für einen in Mysien ansässigen Herrscher aus der Attalidenfamilie und die Stadt Pergamon bietet die Erzählung viele Brücken. Zum einen ist der Heros eng mit der Landschaft verbunden und sicher an vielen Orten auch rituell verehrt worden. Indem Pergamon diesem Heros ein Heiligtum errichtet, definiert es sich selbst intensiv als mysische Stadt. Nicht nur wirtschaftlich und administrativ erhält die Umgebung damit ein Zentrum. Der Kult gibt auch den Bewohnerinnen und Bewohnern umliegender Städte die Gelegenheit, selbst oder als Abgesandte ihrer Stadt nach Pergamon zu gehen. Aber auch darüber hinaus bietet der Mythos Brücken. Wenn sich Pergamon mit Telephos identifiziert, stärkt es die Verbindung mit dem griechischen Festland, sei es durch die Herkunft, sei es durch die Heilung. Und vor allem erlaubt die Verbindung mit dem Heros, dem bis dahin geschichtslosen Ort einen Platz in der griechischen Frühgeschichte, im heroischen Zeitalter zu geben. Der Aufsteiger Pergamon ist auf einmal ein Bestandteil der mythischen Geographie der Züge des Herakles wie des Krieges gegen Troja. Der Bau des riesigen Kultkomplexes um den Pergamon-Altar bot schließlich die Gelegenheit, in einer großformatigen Folge von Bildreliefs die Erzählung monumental zu wiederholen und ihr überregionale Sichtbarkeit zu verleihen: Nicht erst heute in Berlin, sondern schon im antiken Pergamon war das ein touristischer Anziehungspunkt erster Ordnung.

14. Warum glaubten die Römer aus Troja zu stammen? Für die griechische Ordnung der Welt war die mythische Einordnung fremder Städte und Stadtstaaten von großer Bedeutung. Immerhin handelt es sich um eine Kultur, in der es keine Nutzung von Landkarten gab, die eine solche Funktion hätten übernehmen können, wie es etwa die frühneuzeitlichen Globen in der Phase der europäischen Expansion taten. Wo Karten existierten, zeigten sie eher flächentreu kleinräumigen Grundbesitz an oder koordinierten ohne Rücksicht auf Flächen Routen, wie sie von Land- oder Küstenreisenden erstellt wurden. Räumliche Zusammenhänge einer Karte mussten also durch die zeitlichen Zusammenhänge einer Erzählung ersetzt werden. Rei-

Abb. 2: Aeneas, den Sohn Askanius an der Hand, trägt seinen Vater Anchises aus dem brennenden Troja. Schwarzfigurige Vasenmalerei einer Schale des Nikosthenes, um 490 v. Chr.; Paris, Louvre

sende wie Herakles oder Odysseus oder Aeneas boten dafür gute Ansatzpunkte. Im Mittelalter behaupteten zahlreiche französische Städte, von Caesar gegründet worden zu sein; im Osten leistete Alexander der Große Vergleichbares.

Als Rom in das Blickfeld der in Süditalien und auf Sizilien siedelnden Griechen trat, galt es auch für diese etruskisch-latinische Siedlung einen Ort in der Erzählwelt zu schaffen. Wie immer im Gebrauch von Mythen musste man sich nicht auf eine Version einigen. Herakles lag immer nahe. Seine Präsenz in Lokalmythen wie seine Darstellung in Giebelfiguren des Tempels von San Omobono schon im sechsten Jahrhundert v. Chr. legt nahe, dass das schon sehr früh geschah und auch in Rom wahrgenommen wurde. Eine andere Möglichkeit boten die versprengten trojanischen Flüchtlinge nach dem Untergang ihrer Stadt. Schon früh bezeugen Vasenbilder, dass die Geschichte von Aeneas, der seinen Vater Anchises aus dem brennenden Troja trägt, in Italien bekannt war. Im frühen dritten Jahrhundert v. Chr. deutet ein griechischer Geschichtsschreiber ein stadtrömisches Pferdeopfer, das mit einem Speer erfolgte, als Racheakt am Trojanischen Pferd, das die Eroberung der Stadt ermöglicht hatte. Am Ende dieses Jahrhunderts sehen die Römer ihren Streit mit dem nordafrikanischen Machtzentrum Karthago als einen an, der aus mythischer Zeit ererbt ist: Der Flüchtling Aeneas hatte schließlich die karthagische Königin Dido sitzen lassen. Aber erst in den beiden folgenden Jahrhunderten machten sich die Römer den Mythos offensiv zu eigen. Mit ihrem eigenen Ausgreifen nach Kleinasien auf dem Gebiet der heutigen Türkei – 133 v. Chr. war das pergamenische Reich testamentarisch an Rom gefallen, 129 v. Chr. zur römischen Provinz geworden – hatten die Römer einen ganz neuen Zugang zu dieser Herkunftsvariante. Zu Recht waren sie nun dort, wo sie hergekommen waren – und bekräftigten das durch den Besuch Trojas und durch Weihungen, die man heute mit Kranzniederlegungen vergleichen könnte.

15. Misstrauten die Römer ihren Mythen? Die Götter der antiken Mythen machten nicht bei der Gründung von Städten Halt. Einige zeugten auch Kinder mit sterblichen Frauen. Zwar konnten sich auch Göttinnen in sterbliche Männer verlieben, aber das charakteristische Schicksal des Halbgottes, auf Erden leben zu müssen, war nur bei der Geburt an ebendiesem Ort plausibel. Ausnahmen gab es. Anchises zeugte mit der Göttin Venus den Helden Aeneas. Aber dabei blieb es nicht. Diese Sprösslinge hatten selbst Kinder, waren gegebenenfalls Stammvater oder (sehr selten) -mutter noch gegenwärtiger Stämme oder Familien. Gaius Julius Caesar, der spätere, aber nur kurzzeitige Diktator auf Lebenszeit, prahlte bei der Beerdigung seiner Tante Iulia, einer der Gattinnen des zigfachen Konsuls Marius:

«Mütterlicherseits stammt das Geschlecht meiner Tante Iulia von den Königen ab, väterlicherseits ist es sogar mit den unsterblichen Göttern verbunden. Denn von (dem König) Ancus Marcius stammen die Marcii Reges ab, welchen Namen ihre Mutter trug. Von Venus stammen die Julier ab, welchem Geschlecht unsere Familie angehört. Diesem Geschlecht wohnt also sowohl die Unantastbarkeit der Könige inne, die unter den Menschen die Mächtigsten sind, als auch die Umgangsweisen mit den Göttern, in deren Gewalt sogar die Könige stehen.»

Nicht jeder hatte es nötig, mit den Göttern in der Ahnenlinie zu prahlen. Es scheint, als ob in der späten Republik gerade die politisch seit längerer Zeit erfolglosen Familien mit solchen Genealogien aufgetreten seien. Das verstieß fast gegen einen Komment. In der republikanischen Staatsform, zu der sich die großen Familien zusammengeschlossen hatten, war man bemüht, die zentralen Götter der Stadt, Jupiter vor allem, frei von solcher politischer Indienstnahme Einzelner zu halten. In diesem begrenzten Bereich und unter diesen begrenzten Zielsetzungen kann man sogar von einer «Entmythisierung» sprechen.

Der römische Leichenzug für verstorbene hohe Beamte zeigt das Prinzip, das der göttlichen Abstammung entgegengesetzt wurde. Vor dem Verstorbenen defilierten Schauspieler, die die Amtsträger unter den Vorfahren – und nur diese – vor Augen führten. Die Ämter waren Wahlämter, und nur der Erfolg der Familie in früheren Wahlen und die höchste militärische Auszeichnung des Triumphes waren Argumente in den Wahlen, denen sich die Nachkommen zu unterwerfen hatten, wollten sie an Ämter gelangen. Mythische Argumente waren hier suspekt. Caesar blieb nichts anderes übrig, als selbst ein Gott zu werden. Etwa vier Jahre nach seinem Tod wurde er offiziell zum *Divus Iulius* erhoben.

16. Was unterscheidet Mythologie und Theologie? Wollte man etwas über die Götter lernen, waren Mythen die wichtigste Quelle. In einem Gedicht von nur zwanzig Zeilen fasste Horaz, ein Zeitgenosse des Augustus wie des Vergil, zahlreiche mythische Erzählungen über Merkur in einem Hymnus, einem gebetsartigen Lied, zusammen, oft in kurzen Anspielungen. Als «redegewandt» redet er den Gott an. Merkur ist Enkel des Gottes Atlas. Er ist es, der den noch wilden Menschen die Gabe der Sprache verliehen hat. Er ist es, der die Menschen die anmutige Kunst des Ringens – die Zuhörer erinnern sich vielleicht an Statuen des Gottes in den Sportstätten – beigebracht hat. Sodann ist Merkur der Bote des Jupiter, ja aller Götter. Er ist Erfinder der Leier – und ein schelmischer Meisterdieb. Dem Apollo entführte er einst Rinder – und hatte dem Apollo, der ihn zu erschießen drohte, um so an die Tiere wieder heranzukommen, bereits den Köcher geleert. Auch am Trojanischen Krieg war Merkur beteiligt. Er war es, der es dem trojanischen König Priamos ermöglichte, heimlich ins Lager der Griechen zu schleichen, um die griechischen Heerführer Agamemnon und Menelaos um die Herausgabe der Leiche seines Sohnes Hektor zu bitten. Und schließlich ist Merkur der Geleiter der Seelen der frommen Verstorbenen, der sie mit goldenem Zweig zu ihren Ruhestätten in der Unterwelt bringt. Der Kontakt mit der Unterwelt ist ihm ebenso möglich wie der mit den himmlischen Göttern.

Ist so etwas schon Theologie? Zeitgenossen hätten die Frage bejaht – und eingeschränkt. Das ist «Theologie der Dichter», populär, aber nicht stubenrein. Ein Gott als Meisterdieb? Nun, Ehebruch und gar Vergewaltigung waren schlimmer, aber nicht minder geläufig in dergleichen Erzählungen. Varro, der die Veröffentlichung dieses Gedichtes nicht mehr miterlebte, war es daher wichtig, noch zwei weitere Arten von Theologie zu unterscheiden: die Theologie der Philosophen und die «bürgerliche Theologie». Unter der Erstgenannten stellte er sich vor allem naturphilosophische Erklärungen der Götter vor. Um die Wirkung der natürlichen Kräfte zu erklären, hatten die Alten in Personifikationen von ihnen gesprochen. Manchmal half das Wort noch auf die Sprünge: Hera klingt wie *aër*, «Luft». Eine solche Theologie bietet Horaz ganz offensichtlich nicht, wenn auch die erste Anrede des Gottes auf seine Verbindung mit Sprachgewalt hinweist, Merkur als «Logos» verstehen lassen könnte. Anspielungen anderer Art verknüpfen den Text mit der «Bürgertheologie». Damit meint Varro schlicht die kultische Realität eines Gottes: Wofür wird er in dieser Stadt verehrt? Solches Wissen über Rituale spielt in die horazische Mythenverdichtung zumindest hinein. Eine historische oder philosophische Analyse wird der Verweis auf mythische Erzählungen hier dennoch nicht. In diesem Sinne bleiben Mythen und Theologien Gegensätze. Man grenzt sich voneinander ab, aber man nimmt sich sehr wohl wahr und verwendet einander, wo immer es möglich ist. Philosophisch-theologisches Nachdenken über Götter nimmt oft seinen Ausgangspunkt bei Mythen und Ritualen.

17. Sind Mythen mysteriös? So ähnlich die Wörter klingen, sprachlich meinen sie ganz Unterschiedliches. Ist Mythos die Äußerung, so ist *myein* das Gegenteil, das Verschließen von Augen oder Mund. Daher leiten sich das *myeein*, das Einweihen, und die Mysterien, die Geheimrituale, ab. Mit dem Begriff bezeichneten die Griechen vor allem die Rituale von Eleusis, die zwar allen Bürgern Athens, aber erst nach einer Einweihung, einer Initiation, offenstanden. Sie dürften schon im achten Jahrhundert v. Chr. stattgefunden haben. Später wurde der Begriff dann auf vergleichbare Kulte oder gar auf von Göttern offenbarte Geheimnisse übertragen.

Haben beide Wörter auch sprachlich nichts miteinander zu tun, so umso mehr sachlich. Denn worin bestehen die «Informationen», die den Eingeweihten zugänglich gemacht werden? Der Begriff «Informationen» vermittelt einen schiefen Eindruck. Nach dem, was wir wissen, geht es um Rituale, um Handlungen, an denen die Eingeweihten beteiligt waren, und um Inszenierungen, um Vorführungen. Die emotionale Beteiligung spielte sicher eine ganz große Rolle. Es gab ein nächtliches Ritual, bei dem es um «Unsagbares» ging. Das dürfte sich nicht nur auf Geheimes beziehen, sondern auf Symbole und Rituale, die nicht erläutert wurden. Aber begleitet wurde dies in Eleusis wie in anderen Mysterien von einem «Logos», von Gesprochenem, von Erzählungen. Der wichtigste war der von Demeter und Kore, von Raub, Tod und Rückkehr. Der homerische Hymnos auf Demeter bezog sich ausdrücklich auch auf die Eleusinischen Mysterien.

Hatten Mythen demnach eine einweihende Funktion? Verschlüsselten sie Geheimwissen von Mysterienkulten? Über eine solche Funktion hat man insbesondere für den Eselsroman des Apuleius, einem lateinischen Text des zweiten Jahrhunderts n. Chr., spekuliert. In elf antiken Büchern, also in einem Text, der so lang war, dass er auf elf Papyrusrollen verteilt werden musste, erzählen diese «Metamorphosen» (Verwandlungen) die Abenteuer eines Lucius, der sexuellen Abenteuern nicht abgeneigt ist und zur Strafe dafür in einen Esel verwandelt wird. Nach vielfältigen Abenteuern, die ihn immer wieder an den Rand des Todes bringen, erscheint ihm im Traum die Göttin Isis und verheißt ihm Erlösung und menschliche Gestalt. Bei einem öffentlichen Fest frisst der Esel Rosen aus der Hand eines Isis-Priesters und wird in einen Menschen zurückverwandelt. Das letzte Buch des Romans schildert dies ebenso wie daraufhin die Einweihung des Lucius in den Isis-Kult und sein Engagement im Heiligtum. Ist Lucius ein Rollenmuster für jeden Eingeweihten der Isis, der aus den moralischen Verstrickungen in der Gesellschaft den Weg zur Erlösung findet? Wurde er in rituellem Rahmen benutzt? Die schiere Länge des Textes spricht dagegen, aber sie schließt nicht aus, dass man den unterhaltsamen und spannenden Text nicht auch so lesen konnte – und der Autor eine solche Lesart leicht machte. Mythen begleiten Mysterien auch ohne einen direkten Einbau in den Kult.

18. Warum erzählen Philosophen Mythen? Mythos und Philosophie scheinen Gegensätze zu sein – und darauf legen die Philosophen auch großen Wert. Gleichwohl erzählen sie gelegentlich selbst Mythen. Der berühmteste ist die Erzählung, die Platon einem scheintoten Pamphylier (Pamphylien liegt in der heutigen Südtürkei) mit Namen Er in den Mund legt und die jener mit der Evidenz des Selbstgesehenen berichtet.

Die ausgefahrenen Seelen, so Er, seien von Richtern nach Gerechten und Ungerechten getrennt und in eine Spalte in den Himmel oder aber eine Spalte in die Erde samt einem Verzeichnis ihrer Taten gesandt worden. Aus jeweils einer zweiten Spalte kamen andere Seelen nach einer tausendjährigen Wanderung zurück auf die Wiese an jenem Ort, die einen rein, die anderen völlig verschmutzt. Sie tauschten sich aus und gaben so auch Er Kunde. Entsprechend ihrer Zeit des Unrechttuns sei ihnen zehnfach – für ein volles Lebensjahrhundert also tausend Jahre – vergolten worden. Für gerechte Taten galt Gleiches. In besonderen Fällen würde der Faktor noch überschritten; feurige Männer verhinderten so das Wiederauftauchen etwa von Tyrannen.

Nach sieben Tagen musste jeder erneut aufbrechen, um zu einer Lichtsäule und dann darin zum Band des Himmels zu kommen, an dessen Ende der spindelartige Motor der acht himmlischen Sphären befestigt sei. Bewegt werde dieser von Ananke, der Göttin der Notwendigkeit. Um diese von Sirenengesang begleitete Sphärenbewegung der Spindel säßen die drei Moiren, die Töchter der Notwendigkeit, Lachesis, das Geschehene, Klotho, das Gegenwärtige, und Atropos, das Bevorstehende. Lachesis verwahrte die Lose, die den neu Eingetroffenen von einem Propheten zugeworfen wurden. Diese bestimmten aber nur eine Reihenfolge der Wahl eines neuen, sterblichen Lebens, eines je eigenen «Dämons». Die Auswahl sei sehr groß gewesen, habe auch noch dem Letzten eine echte Wahl (und nicht zuletzt die des Geschlechts) ermöglicht. Das Entscheidende sei nun, dass es allesamt «Pakete» gewesen seien, die typische Vor- und Nachteile einer Wahl, aber auch Unvorhersehbares wie Armut und Krankheit (und ihre Gegenteile) beinhaltet hätten. Da die Wahl allein Sache der Menschen sei und gerade keine Zuteilung durch den Gott erfolge, müsse es, so resümiert Er, oberstes Lebensziel sein, sich nicht an den offensichtlichen Gütern zu orientieren, sondern sich auf die Gerechtigkeit zu konzentrieren. Was Er beobachtet, ist leider anderes: Die meisten hätten sich schlicht am früheren Leben orientiert. Nach Abschluss der Wahl teilte Lachesis jedem den persönlichen Dämon «zum Hüter seines Lebens und Vollstrecker des Gewählten» zu, der seinerseits die jeweiligen Schicksale mit der Spindelmechanik fest verbunden habe. Dann seien alle aufgebrochen, um sich am Fluss der Sorglosigkeit zu lagern und vom Wasser des Vergessens zu trinken. Um Mitternacht trieben sie dann Unwetter und Erdbeben ins Leben zurück. Er selbst, Er, habe dieses Wasser nicht getrunken, könne aber trotzdem nicht sagen, wie er ins Leben gekommen sei. Er sei auf dem Scheiterhaufen wieder aufgewacht.

Warum erzählt ein Philosoph eine solche Geschichte? Sie ist kein traditioneller Mythos, ist als Ich-Erzählung deutlich davon abgesetzt, technisch voller Details. Aber klar erkennbar wird hier von dem Umgang von Göttern und Menschen erzählt, spielt die Geschichte wenn schon nicht in einer anderen Zeit, so an einem un-irdischen Ort. Auch das ist ein Mythos. So kann der Philosoph auch jenseits der Grenzen rationaler Argumentation einer Moral Nachdruck verleihen, für sie werben. Dafür bieten die vertrauten Bilder oder wenigstens Bildelemente offensichtlich eine Grundlage.

19. Warum erzählen Anwälte Mythen? Ihr ureigenstes Geschäft ist das nicht. Gelegentlich muss man zur Verstärkung von Gerüchten greifen, aber das sind noch keine Mythen, wenn auch die lateinische Redelehre hier den gleichen Begriff, *fabula,* verwendet. Auch eine erdichtete, eine fiktive Geschichte, die sich so ereignet haben könnte, ist noch keine Fabel; der Redner muss sie gelegentlich einsetzen, wenn sein Publikum vom Zuhören ermüdet ist und durch Lachen wieder aufmerksam gemacht werden muss. In realen Gerichtsreden haben Mythen nichts zu suchen, aber sie sind vorzügliches Übungsmaterial. Was schult mehr als die Argumentation über Unwahrscheinliches, wie es die mythischen Stoffe bieten?

In den erhaltenen antiken Übungsreden finden sich solche mythischen Stoffe. Seneca der Ältere zeigt in der frühen Kaiserzeit den Stil unterschiedlicher Redner anhand einer Situation des Mythos auf: Agamemnon überlegt, ob er Iphigenie opfern soll, da doch der Seher Kalchas verkündet hat, das nur auf diese Weise die Fahrt der griechischen Flotte möglich sein wird. Die Gattung der Suasorien, der Ratschläge, verlangt, dem Überlegenden zu einer bestimmten Handlung zu raten. Dazu unternehmen die von Seneca Zitierten unterschiedliche Anläufe. Abgewogen wird die Bestrafung einer schuldigen Ehebrecherin – Helena – beziehungsweise eines Ehebrechers – Paris – gegenüber der Ermordung einer Jungfrau. Erwogen wird auch der Spruch des Sehers: Ist es überhaupt möglich, den Willen der Götter und die Zukunft zu erkunden? Kann Kalchas überhaupt sicheres Wissen besitzen? Ganz pragmatisch ist das Argument: Wenn wir angesichts des Wetters nicht in den Krieg ziehen können, lasst uns nach Hause gehen.

Das entfernte Geschehen des Mythos eignet sich dazu, Problemstrukturen herauszuarbeiten. Und zugleich ist der Mythos so voller Details, so voller Verweise auf weitere Geschichten, dass er auch kompliziertere Argumentationen ermöglicht.

20. Wie gingen die Christen mit dem Mythos um? Eine Antwort auf diese Frage ist schwierig. Wer sind «die Christen»? Einerseits sehen wir die Schriften christlicher Theologen, die versuchen, die Botschaft des einen Gottes abzusetzen von den vielen Göttern der Nachbarn (und vielleicht der Eltern). Hier kam die philosophische Mythenkritik gerade recht: Was waren das für Götter, die sich in Unzucht und Diebstahl, in sexuellen Ausschweifungen und Eigentumsdelikten gefielen? Oder die hinkten und nur ein Auge hatten? Das alles war inakzeptabel, wies bestenfalls Dämonen aus. Aber es war auch gefährlich. Die schönen Geschichten waren attraktiv, waren Grundlage jeder Schulbildung, vom Schreibunterricht bis zur Ausbildung als Redner. All diesem konnte man die schlichte, aber anstößige Wahrheit des Kreuzestodes Christi, eines historischen und beglaubigten Ereignisses, entgegenhalten.

Aber die mythische Erzählung blieb attraktiv. Sie vermittelte nicht nur Kenntnisse über – vielleicht inakzeptabel gewordene – Götter, sondern auch über grundlegende Probleme von Menschen. Sie handelte von Personen, die zwar ungläubig gewesen waren, aber zweifel-

Abb. 3: Jonas in der Kürbislaube. Römische Wandmalerei Mitte des 4. Jhs. n. Chr., Katakombe in der via Anapo

los historisch: der Sänger Orpheus und der Irrfahrer Odysseus, der Kämpfer Herakles und der Jäger Orion. Die Septuaginta, die griechische oder ins Griechische übersetzte Heilige Schrift der jüdischen oder aus dem jüdischen Umfeld stammenden Christen, bot vergleichbare Geschichten, erzählte von Hiob, über den Gott und Satan wetteten, oder von Jona, der vom Walfisch gerettet worden war und sich in einer Laube ergötzte.

Bei aller Kritik suchten gebildete Christen die sprachliche Form des Mythos. Früh schon in Visionen, Apokalypsen. Philosophische Mythen versuchten neue Vorstellungen vom Verhältnis von Gott, Menschen und Welt in dramatische Erzählungen zu kleiden, deren Verständnis Einsicht und Heil schenkte. Die Erzähler wurden von anderen Christen als «Gnostiker» kritisiert. Im vierten Jahrhundert versuchten andere, die Prosaerzählungen über das Leben Jesu der vier wichtigsten Evangelien – in anderen Texten längst um phantastische Episoden bereichert – in das «heroische Versmaß» des Epos zu übertragen. Natürlich, bei solchen Autoren wie Juvencus, Proba oder noch später Arator sind das keine Lügen wie bei den Alten. Aber in der Weise der Alten – bei der adligen Dichterin Proba sogar in Originalversen der Alten – wird Jesus zum tapferen Heros.

Auswahl prägt auch den Gebrauch mythologischer Bilder. Der Rückgriff auf die griechische Mythologie steht hier unmittelbar neben der Benutzung biblischer Erzählungen. In den Bildprogrammen der Katakomben steht Herkules neben Jonas, Christus, der den Lazarus aus dem Grabe holt, neben dem Sänger Orpheus, der (fast) Eurydike aus der Unterwelt heraufgeholt hätte. All das sind keine Erinnerungen an ehemals verehrte Gottheiten. Es sind Erinnerungen an Taten von Menschen, die für Werte und Eigenschaften stehen, die dem Toten zugesprochen werden oder die den Trauernden Hoffnung geben sollen: die Tapferkeit des Jägers Meleagros, der den kalydonischen Eber erlegt; der Wille zur Tugend des Herakles, der sich am Scheidewege für den beschwerlicheren Lebensweg entscheidet; der schöne Jüngling Endymion, der in ewigem Schlaf und ewiger Jugend Nacht für Nacht von der liebenden Selene besucht wird; der Vogel Phönix, der aus der Asche wiederersteht, ein Symbol für die Unsterblichkeit.

21. Ist Hagiographie Mythologie? Auch wenn Griechen und Römer, die Christen geworden waren, sich der traditionellen Mythen für ihre jeweiligen persönlichen Zwecke bedienen konnten, verbreitete sich eine neue Form von Heldenerzählungen. Nach ersten Anfängen im zweiten Jahrhundert n. Chr. breiteten sich Geschichten über die todesmutige Begegnung von Christen und römischen Richtern und die grausame Hinrichtung solcher Christen im Laufe des dritten Jahrhunderts n. Chr. aus. Das Ende der Verfolgungen zu Beginn des vierten Jahrhunderts n. Chr. tat dem keinen Abbruch, im Gegenteil. Die Popularität der Geschichten hielt ungebrochen an. Aus den frühen Erzählungen, die sich protokollartig an die Prozessakten anlehnten oder anzulehnen schienen, wurden schnell wundergespickte biographische Erzählungen, die mit den üblichen Biographien verschmolzen. Schon im vierten Jahrhundert n. Chr. schrieben Gregor von Nyssa und Sulpicius Severus Heiligenviten, die nicht mit dem Martyrium endeten, über Gregor den Wundertäter (drittes Jahrhundert n. Chr.) und Martin von Tours (viertes Jahrhundert n. Chr.).

Es entstand eine große Zahl von Heiligenviten, eine Hagiographie, die durchaus mit mythischen Texten vergleichbar ist: traditionelle

Erzählungen mit Anspruch auf eine Art Historizität und mit einer erzählenden Veranschaulichung christlicher Tugenden und Gefährdungen. Wie manche Mythen verbanden sie sich zum Teil mit Ritualen, waren Lesestoffe, «Legenden», für Heiligenfeste. In großen Sammlungen wurden sie zusammengetragen. Ihre Ordnung resultierte dabei weniger aus chronologischen als vielmehr kalendarischen Gesichtspunkten: aus der Lage der Heiligenfeste im Kirchenjahr.

22. Gab es Mythenkritik? Mythenkritik begleitet den Mythos von Anfang an. In gewissem Sinne ist jede neue mythische Erzählung Kritik an vorangehenden Versionen, scheidet sie Wesentliches vom nun als unwesentlich Erachtetem, korrigiert, unterdrückt und erfindet neu. Gerade die Versuche Hesiods und der homerischen Epen, große Mengen mythischer Stoffe in ein stimmiges Schema oder einen stimmigen Ereignisablauf, in geordnete verwandtschaftliche Verhältnisse und zeitliche Abfolgen zu bringen, sind interne Mythenkritik.

Neben die interne Kritik tritt aber schon bald, im sechsten Jahrhundert v. Chr., eine grundsätzlichere externe Kritik. Die griechische Naturphilosophie stellt eine erste grundsätzliche Absage dar, so stark sie sich auch selbst mythischer Redeweisen bedient. An die Stelle der vielen göttlichen Akteure treten einzelne Prinzipien. Bei Thales von Milet ist es das Wasser, bei Anaximenes die Luft, bei Anaximandros das «Unbestimmbare».

Direkte Polemik gegen Mythen findet sich dann bei Xenophanes von Kolophon am Ende des sechsten Jahrhunderts v. Chr.: «Alles haben den Göttern Homer und Hesiod angehängt, was nur bei Menschen Schimpf und Tadel ist: Stehlen und Ehebrechen und einander Betrügen.» Die Kritik gilt aber nicht nur den Moralvorstellungen: «Doch wähnen die Sterblichen, die Götter würden geboren und hätten Gewand und Stimme und Gestalt wie sie. Doch wenn die Ochsen und Rosse und Löwen Hände hätten oder malen könnten mit ihren Händen und Werke bilden wie die Menschen, so würden die Rosse rossähnliche, die Ochsen ochsenähnliche Göttergestalten malen und solche Körper bilden, wie jede Art gerade selbst ihre Form hätte.» Erde und Wasser bildet die Grundlage von allem; das Meer reicht aus, um die Entstehung von Wolken, Winden und Strömen zu erklären.

Ergänzt wird das durch die Kritik der Historiker seit Hekataios von Milet, einem Zeitgenossen des Xenophanes. Schlicht stellt er fest, dass die mythischen Erzählungen mannigfaltig und lächerlich seien.

Thukydides, der am Ende des fünften Jahrhunderts mit hohem methodischen Anspruch den Peloponnesischen Krieg zwischen Athen und Sparta beschreibt, schließt in seine Kritik der Tendenz der Dichter, alles auszuschmücken, gleich noch seine historiographischen Vorgänger ein, die das Vergnügen zuzuhören über die Wahrheit stellten. Insgesamt reichte dieses Repertoire der Mythenkritik für die gesamte Antike bis hin zur christlichen Polemik gegen Mythen aus.

23. Wie ließ sich der Mythos retten? Schon im sechsten Jahrhundert v. Chr. mischten sich von philosophischer Seite Töne in die Diskussion der Mythen ein, die diese in einem positiveren Licht erscheinen ließen, als es die im gleichen Zeitraum entstehende Mythenkritik vermuten ließ. Theagenes von Rhegion las die Kämpfe der homerischen Götter als Aussagen über den Widerstreit der Elemente: Apollon, Helios und Hephaistos das Feuer, Poseidon und Skamandros als Aussagen über das Wasser, Artemis als Mond und Hera als Luft; Athene stehe für den Verstand, Ares für den Unverstand, Aphrodite für die Zuneigung und Hermes für das Sprechen. Diese Form der Interpretation wird seit der Antike als Allegorese bezeichnet: Systematisch arbeiteten die antiken Mythenerzähler, so die Unterstellung, mit dem Ersatz von natürlichen Elementen und Kräften durch Götternamen; schon wenig später wird das sogar auf menschliche Akteure bei Homer ausgedehnt.

Voraussetzung solcher Form der Mythenrettung war, dass die Mythen gerettet werden mussten. Es sind nicht irgendwelche Texte, die solche Behandlung erfahren. Offensichtlich hatten die Epen eines Homer und eines Hesiod am Ende des sechsten Jahrhunderts v. Chr. eine hohe Bedeutung erlangt. Im Kult wie im Selbstverständnis vieler Griechen waren sie nicht mehr wegzudenken. Sie waren gewissermaßen kanonische Texte geworden, selbst Maßstab für weitere mythische Gestaltungen. Ein solcher Text bot ein Angriffsziel für Spott und Kritik, aber er war es auch wert, verteidigt zu werden. Die allegorische Deutung verlagerte die entscheidende Bedeutungsebene. Nicht mehr die Handlung der Gestalten, ihr Kämpfen und Streiten, war das Wichtigste. Hier waren schnell Widersprüche aufzudecken, war Anstößiges zu tadeln. Eigentlich hatte der Dichter aber etwas anderes sagen wollen. Genau das deckte die allegorische Deutung auf. Ihre Gleichungen bezog sie oft aus klanglichen Ähnlichkeiten; seit dem dritten Jahrhundert v. Chr. entwickelten die Philosophen der

Stoa dafür die Etymologie, die nach dem Ursprung der Wörter forschte. Der Stoiker Cornutus fasst am Ende des ersten Jahrhunderts n. Chr. und am Schluss seiner Abhandlung über die Lehrmeinungen zur griechischen Theologie diesen Rettungsversuch zusammen: «Und so dürftest Du nun wohl, o Kind, auch die anderen Dinge, welche in mythischer Form über die Götter überliefert worden zu sein scheinen, ebenso auf die aufgezeigten Elemente zurückführen können, in der Überzeugung, dass die Alten nicht gemeine Leute waren, sondern sowohl ausreichende Fähigkeiten besaßen, um die Natur des Kosmos zu verstehen, als auch dazu neigten, über sie [die Natur] in Symbolen und Rätselworten zu philosophieren» (Übers. H. G. Nesselrath).

Neben das Interesse an einer naturkundlichen Deutung, wie sie die genannten Beispiele bezeugen, traten auch schon bald moralische Deutungen. Sie fragen nicht nach einer Kodierung von naturwissenschaftlicher Erkenntnis in Form von Erzählungen über Götter, sondern nach der Nutzanwendung für das eigene Verhalten: Welche Regel will der Mythos seinen Zuhörerinnen und Zuhörern auf den Weg geben? Wenn die Danaiden, die ihre frisch angetrauten Ehemänner ermordet hatten, in der Unterwelt Wasser in Sieben tragen müssen, ist das in einer solchen Deutung nicht einfach nur eine besonders ermüdende und unendlich andauernde Strafe. Vielmehr zielt, so heißt es, eine solche Geschichte auf ein besonnenes Leben, das sich durch Mäßigung auszeichnet. Auf solche Deutungen nimmt schon Platon Bezug; sie dürften auf die Sophisten des fünften Jahrhunderts v. Chr., vielleicht auch auf den schwer fassbaren unteritalischen Philosophen Pythagoras zurückgehen.

Erwähnt werden muss aber noch eine dritte Deutungslinie, die rationalistische. Was in den Mythen in der Gestalt von Göttern oder Heroen erscheint, das waren eigentlich Menschen. Ihr prominentester Vertreter ist Palaiphatos, ein Schüler des Aristoteles (viertes Jahrhundert v. Chr.). Seine «Unglaublichen Geschichten» sind nur in einem Auszug erhalten, lassen aber die Methode klar erkennen. «Skylla» war kein gefährliches Mischwesen, sondern der Name eines Piratenschiffes, Europa wurde nicht von einem Stier entführt, sondern von einem Kreter namens «Stier» nach einem Sieg als Kriegsgefangene verschleppt. Pandoras Büchse war die einer reichen Frau, die die weiße Schminke erfunden hat. Medea war keine Mörderin und Giftmischerin, sondern entdeckte Pflanzenfarben und die heilsame

Kraft des Dampfbades. Dass ein alter Mann namens Pelias bei seiner Benutzung starb, war lediglich ein Betriebsunfall. In gewissem Sinne wendet Palaiphatos nur jene Methode an, derer sich die Historiker im Umgang mit der Frühgeschichte bedienten: Der Kern der Erzählung stimmt, aber im Detail war alles doch ganz anders.

Mythen fallen nicht vom Himmel

24. Woher kamen die Mythen? Formen mythischen Erzählens sind so weit in den Kulturen der Welt verbreitet, dass sich kein Stammbaum für diese kulturelle Errungenschaft auffinden lässt. Mythen wurden mit Sicherheit ebenso von den indoeuropäischen Einwanderungsgruppen des zweiten Jahrtausends v. Chr., den lokalen Gesellschaften im Ägäisraum wie in den altorientalischen Nachbarstaaten erzählt. Unter diesen Bedingungen ist es schwierig, die Herkunft von Erzählmustern zu bestimmen. Ähnlichkeit muss noch nicht für gemeinsame Herkunft sprechen.

Götternamen erlauben in einigen Fällen eine Herkunftsbestimmung, wenn man sprachliche Merkmale mit Beinamen oder Verbreitungsgebieten von Kulten vergleicht. Dass Zeus aus dem Indoeuropäischen stammt, Poseidon eine mykenische Vorgeschichte hat, lässt sich mit Sicherheit sagen. *Dyaus pitar* ist auch im indischen Sanskrit der Himmelsgott, allerdings eher der strahlende Himmelshintergrund als der aktive Wettergott, der Blitze schleudert. Der Stammvatergott mykenischer Geschlechter ist in den archaischen Mythen zu einer sehr komplizierten, aber nie wirklich beherrschenden Macht geworden. Die Herkunft erklärt nur weniges. Das gilt auch für Aphrodite. Sosehr sich schon griechischen Historikern Assoziationen mit der phönizischen Astarte aufdrängten, so wenig lassen sich konkrete Übertragungen nachweisen.

In einigen Fällen sind es konkrete Erzählelemente, die auf eine außergriechische Herkunft hinweisen. Das Motiv der Sintflut ist schwerlich griechisch. Es passt zu Mesopotamien. Das gilt naturräumlich: Anders als in Ägypten mit seiner regelmäßigen, kulturstiftenden Nilflut oder gelegentlichen Unwettern griechischer Bergtäler spielen hier Überschwemmungskatastrophen eine wichtige Rolle. Das gilt auch für die damit verknüpften Ideen: Dass die Götter mit solchen Fluten darauf zielen, das böse gewordene Menschengeschlecht zu vertilgen, ist im Rahmen eines Menschenbildes am sinnvollsten, in dem die Menschen einzig dem Zweck geschuldet sind, den Göttern zu dienen. Ob Deukalion - wie zumeist - oder Ogygos - viel seltener - zu dieser Sintflut ursprünglich gehören, lässt sich über diese Herkunftsbestimmung nicht klären. Der Kompositbogen, den die Freier, die Konkurrenten des Odysseus um seine eigene Frau, nicht zu spannen vermögen, ist keine mykenische Waffe, sondern weist auf Ägypten und Symbole der Herrschermacht. Aber auch das bleibt ein vereinzeltes Motiv.

Die Forschungen der letzten Jahrzehnte und insbesondere diejenigen Walter Burkerts sprechen dafür, dass die Masse der Einflüsse aus den altorientalischen Kulturen erst der «orientalisierenden Epoche» vor allem des siebten Jahrhunderts v. Chr. angehört. Damit sind sie gleichzeitig mit jenem Zeitraum, in dem die Verschriftlichung und Systematisierung von mythischen Erzählungen in der Form der Epen Homers und Hesiods erfolgte. Zweifelsfrei hatten die Mythen eine mündliche Vorgeschichte, die Erzähltraditionen bis in die mykenische Zeit (etwa dreizehntes Jahrhundert v. Chr.) hinein aufwies. Diese Kontinuität betraf Namen, Motive, Handlungsstränge, aber vor allem war sie, was mündliche Traditionen ausmacht, von äußerster Beweglichkeit. Der Gebrauch der mykenischen Schrift, des Linear B, war der Administration vorbehalten. Mythen wurden damit nicht fixiert.

Der unglaubliche Erfolg dieser frühen Epen ist vom Siegeszug der Schrift und der Ausbildung einer gemeingriechischen oder «pan-hellenischen» Kultur nicht zu trennen. Das machte die griechische Mythenwelt ebenso stabil wie vielfältig und exportfähig. Die Entwicklung der Mythen der Etrusker und Römer liefert dafür den besten Beweis: Auch hier fielen die Mythen nicht vom Himmel, sondern kamen mit griechischen Schiffen und auf korinthischen Vasen.

25. Wo hörte man Mythen? Wenn vom Erzählen von Mythen die Rede ist, ist das Gegenstück dazu das Zuhören. Die lebensgeschichtlich früheste Situation war das «Ammenmärchen». Gerade für die Kinder der gebildeten Schichten war diese Funktion der Nährerin, dann Erzieherin sprichwörtlich. Immer wieder werden Kinder und Erwachsene daran erinnert, dass sie einen Mythos doch sicher aus ihren Kindertagen und dem Munde der Amme gehört hätten. Auch das emotionale Engagement, das Pathos der Erzählerin gehört in dieses Bild hinein. Tränen wurden beim Erzählen vergossen, und diese Tränen sollten Tränen beim Zuhören hervorrufen.

Die Aufnahme von Mythen setzte sich in der Schulbildung fort, für die das Hören und Lesenlernen gerade auch an mythischen Texten, an Epen, eingeübt wurde. Die Übungen der älteren Geschwister wiederum vervielfachten diesen Effekt. Aber auch förmlichere Ereignisse brachten Mythen zu Gehör: Mythische Erzählungen, oft nur kurz und anspielungsreich, waren Bestandteile von gesprochenen Gebeten und gesungenen Hymnen im privaten Kult wie bei Festen der Nachbarschaft, von Verwandtschaftsgruppen, Stadtteilen oder ganzen Stadtstaaten. Wie Kinder den Kult vor allem durch ihre Anwesenheit und Mitwirkung erlernten, so waren sie auch den zugehörigen Mythen ausgesetzt. Sowohl in Griechenland wie auch in Rom wurde das Erlernen von Liedern, die die Götter und die Heldentaten preisen, als wichtiger Bestandteil der Kindererziehung, zumal der Jungen, betrachtet; Tanz konnte hinzutreten. Musische Erziehung, die dem Lese- und Schreibunterricht historisch vorausging, aber immer parallel weiterlief, ist oft ein Thema des Bildprogramms von Kindersarkophagen.

Aber auch verschriftlichte Mythen hörte man eher, als dass man sie las. Regelrechte Rezitationen gehörten in der Kaiserzeit zum «Kulturbetrieb», nachdem in Rom als Erster ein Historiker namens Gaius Asinius Pollio etwa in den dreißiger Jahren des ersten Jahrhunderts v. Chr. vor Geladenen seine Werke vorgetragen hatte. Rezitationen im Familien- und Freundeskreis waren natürlich verbreitet; auf diese Weise lernte Augustus den Mythos von Aeneas in der Fassung des Vergil kennen. Öffentliche Lesungen gab es in Nebenräumen von Thermenanlagen oder Tempeln, vielleicht auch in Liederhallen *(odeia)*. Mythen kamen hier ebenso in der Gestalt von langen Epen wie kurzen Gedichten oder Tragödien zu Gehör; Letztgenannte waren auf den Bühnen der Kaiserzeit seltener zu sehen. Nicht zu vergessen ist, dass die langen Epen nicht am Stück vorgeführt wurden. Für ein Buch allein kann man mit einer Stunde Rezitation rechnen. Mehr als ein oder zwei Bücher wurden am Tag nicht vorgetragen. Das hat Folgen für das Handlungsverständnis. Die großen Epenkompositionen thematisierten selbst schon Ausschnitte aus viel größeren mythischen Zusammenhängen. Von diesen Ausschnitten gelangten dann noch einmal nur Ausschnitte zu Gehör. Nicht der «Stoff», die Grundstrukturen der Handlung dürften also die Zuhörerinnen und Zuhörer gefesselt haben. Das Interesse muss hier an der Gestaltung der Details gehangen haben. Zu bewundern waren die sprachliche Gestalt und Erfindungsgabe des Autors, Erzählvorgaben in Dialoge und einzelne Handlungen umzusetzen.

26. Wo erlebte man Mythen? Wenn der Verfasser der dem Herennius gewidmeten Rhetorik aus den letzten Jahrzehnten der römischen Republik den Unterschied zwischen mythischen und ebenso fiktiven, aber wahrscheinlichen Stoffen deutlich machen will, verweist er seine Leser auf das Theater: Mythen sind das, was in Tragödien auf die Bühne kommt, lebensnahe Erfindungen bieten die Komödien. Das weist auf die Anfänge des organisierten Theaters zurück, den Dionysos-Kult in Athen. Die erhaltenen oder im Titel bekannten Stücke der Tragödiendichter des fünften Jahrhunderts v. Chr., Aischylos, Sophokles, Euripides, bezeichnen durchweg mythische Stoffe. Seit 499 v. Chr. brachte Aischylos Werke oder Werkgruppen mit den Titeln «Sieben gegen Theben», «Die Schutzflehenden» (ausgehend vom Mythos der fünfzig Töchter des Danaos), die «Orestie» (die Parallelhandlungen zum Trojanischen Krieg beleuchtet) und den «Gefesselten Prometheus» auf die Bühne Athens, aber auch Siziliens. Nur die «Perser» behandeln Zeitgeschichte. Sophokles dichtete und inszenierte den «Aias» (der Selbstmord beging, weil er vor Troja nicht die Waffen des Achill erbte), die «Trachinierinnen» (in denen es um die Gattin des Herakles, Deianeira, geht), die in Theben spielende «Antigone», «König Ödipus», «Elektra» (die Schwester des Orestes), «Philoktetes» (auf dem Rückweg vom Trojanischen Krieg ausgesetzt) und «Ödipus auf Kolonos». Ein anderes Stück scheint sich mit dem Rinderraub und der Erfindung der Leier durch Hermes beschäftigt zu haben.

Blickt man auf die frühe römische Tragödie, wiederholt sich das Muster: Es sind die geläufigen griechischen Stoffe aus der Generation vor und nach den Helden von Troja, die die Bühne bestücken. Nur gelegentlich treten bei einem Naevius oder Accius im dritten beziehungsweise zweiten Jahrhundert v. Chr. Stoffe der eigenen Geschichte hinzu, nur ausnahmsweise solche der jüngeren Vergangenheit.

Die anspruchsvollen Stoffe und oft zweistündigen Handlungsfolgen solcher Tragödien scheinen in der römischen Kaiserzeit zugunsten des *Mimus,* des kürzeren, stärker auf Kürze, Witz und holzschnittartige Charakterisierung von Personen und Situationen zugeschnittenen Stücks, zurückgetreten zu sein. Die große Zahl der Theater, die mit den Stadtgründungen und dem Stadtausbau in allen Provinzen des Römischen Reiches, in Africa wie Britannien, einherging, bot dieser Gattung sicherlich primär eine Bühne. Aber Mythenkenntnisse wurden weiterhin aus Theateraufführungen geschöpft.

27. Wo sah man Mythen? Erzählungen konnten in Bilder umgesetzt werden. Nur selten gab es erzählende Bildfolgen, häufiger Darstellungen, die mehrere Handlungsschritte in ein Bild integrierten, häufig Darstellungen, die sich auf eine zentrale Szene konzentrierten und allenfalls über eigens dargestellte Objekte noch Hinweise auf frühere oder spätere Ereignisse lieferten. Die Abbildungen dieses Buches bieten Beispiele für alle drei Bildstrategien.

In diesen Varianten waren Mythen überall präsent. Das begann im eigenen Hause – so man über ein solches verfügen konnte. Archäologische Funde liefern prächtige Beispiele. Das Wohnzimmer der Casa dei Vettii in Pompeji schmücken großformatige, tafelförmige Wandgemälde. Herkules erwürgt die Schlange; Pentheus wird von den Bacchantinnen, denen er nachspioniert hat, zerrissen; Dirke wird an den Stier gefesselt, um so in einer Weise zu Tode zu kommen, die sie selbst der Antiope zugedacht hatte. Das «Haus des tragischen Dichters» zeigt in einem Wandgemälde die mythologische Szene des Opfers der Iphigenie, in einem Mosaik die Vorbereitung eines Satyrspiels: Mythos und Theater, Stoff und Darstellungsform, sind eng miteinander verknüpft.

Aber nicht nur an den Wänden waren mythologische Darstellungen zu entdecken. Etruskische Spiegel zeigten Jahrhunderte vor der pompejanischen Wandmalerei auf ihrer Rückseite detaillierte mythologische Szenen. Es sind neben ornamentalen Mustern vor allem Liebes- und Toilettenszenen sowie weibliche Gottheiten, die sich auf diesen zwischen dem sechsten und zweiten Jahrhundert v. Chr. entstandenen wertvollen Objekten befinden. Mythologische Szenen, die mehrere Figuren umfassen, stammen aus dem griechischen wie etruskischen Bereich; Beischriften helfen oft, die Personen zu identifizieren. Oft folgten diese Objekte den Besitzerinnen ins Grab.

Bilder weisen auch die Häuser der Toten auf. Fortlaufend erzählende Bilder fasst die in Rom auf dem Esquilin gefundene Grabstätte des Titus Statilius Taurus zusammen. Die Gründung von Lavinium und Alba Longa wie Schlachtszenen zwischen Rutulern und Trojanern führen in die Vorgeschichte der Gründung Roms. Es folgen Waffenstillstandsszenen, die Vergöttlichung/Vergottung des Aeneas am Fluss Numicus, die Verurteilung der Rhea Silvia und ihre Begegnung mit Mars, ihre Einführung als vestalische Jungfrau, die Aussetzung ihrer Söhne Romulus und Remus in einem Körbchen auf dem

Fluss sowie die Einkerkerung der Mutter. Die Bildfolge frühaugusteischer Zeit versucht nicht nur zeitliche Folge, sondern auch räumliche Nähe abzubilden.

Gräber konnten aber auch direkt Unterweltszenen zeigen. Besonders reich sind hier die etruskischen Gräber. Sie zeigen ebenso die komplizierte Reise in die Unterwelt wie Orte und Personal der Unterwelt. Mythische Themen mit einem Bezug zur Unterwelt fehlen ebenfalls nicht. Gerade solche Themen sind für die kaiserzeitlichen Sarkophage und Katakomben im Römischen Reich wichtig. Motive der griechisch-römischen und der jüdisch-christlichen Mythologie fließen hier in ein Bildrepertoire zusammen. Im vierten Jahrhundert n. Chr. weist die Katakombe an der Via Latina unter anderem Bilder vom Sündenfall (Adam und Eva mit Apfel und Schlange), von Daniel in der Löwengrube und dem ins Meer geworfenen Jonas, von Jonas in der Kürbislaube und Jesus unter den Aposteln, von der alttestamentarischen Susanna im Bade und der Bergpredigt, von Mose und den drei Jünglingen im Feuerofen auf. Aber neben Jakob an der Himmelsleiter und der Himmelfahrt des Elias stehen auch Bilder der Erdgöttin Tellus und das Haupt des weiblichen Ungeheuers Gorgo, stehen der sterbende Admetos und der keulenschwingende Herkules, stehen Athena und Alkestis, die von Herkules aus der Unterwelt heraufgeführt wird.

Viel beweglicher sind die Bilder auf Vasen aller möglichen Formen, von der Amphore zur Vorratshaltung bis zu Trinkbechern, Tellern und Gefäßen für Salben. Der früheste Beleg für die homerischen Epen – oder zumindest eine daraus bekannte Szene – ist eine Scherbe vom Ende des achten Jahrhunderts v. Chr., die sich als «Nestors Becher» ausweist. Wohl im Laufe dieses achten Jahrhunderts begannen erste Versuche, solche Keramik mit mythologischen Szenen zu schmücken. Im siebten Jahrhundert v. Chr. stand das in voller Blüte, sicher unter dem Einfluss der großen Epen Homers und Hesiods. Aber auch Epen, die nicht mehr erhalten sind, dienten als Vorlage: Eine Szene, die seit der zweiten Hälfte des sechsten Jahrhunderts v. Chr. mehr als einhundertfünfzig Mal auf Vasen dargestellt wurde, kennen wir aus Texten überhaupt nicht: Ajax und Achill spielen gegeneinander ein Brettspiel, Ajax hat eine Drei, Achill eine Vier gewürfelt: ein Hinweis auf den Tod des Siegers, ein Beispiel für die Sorglosigkeit von Kriegern, die – auf manchen Gefäßen – von Feinden angegriffen werden?

28. Wo spielte man Mythen? Mythen wurden lebendig, wenn sie beim Zuhören eigene Gefühle und Betroffenheit auslösten. Sie wurden lebendig, wenn auf den Bühnen der antiken Theater Schauspieler in Rollen und in die überdimensionierten Masken mythischer Protagonisten schlüpften. Sie wurden am lebendigsten, wenn man selbst zum Mitspieler wurde, sich selbst mit mythischen Figuren und Geschicken identifizieren konnte. Das geschah in Ritualen. Aber wie oft?

In Rom fand am 15. Oktober seit alter, mindestens schon frührepublikanischer Zeit ein Pferderennen mit Zweigespannen statt. Aber es ging nicht um Preise. Das führende Pferd des siegreichen Gespanns wurde mit Speer durch den Priester des Gottes Mars getötet. Kopf und Schwanz wurden abgetrennt. Männer verschiedener Stadtteile lieferten sich nun einen Kampf um den Kopf und versuchten, ihn an ein herausragendes Gebäude ihres Stadtteils zu heften. Währenddessen brachte man den Schwanz zu einer Kultstätte des Mars auf dem Forum und verbrannte ihn mit weiteren Zutaten wie etwa Bohnenstroh zu einer Asche, die im Frühjahr als rituelles Reinigungsmittel Verwendung fand.

Wir haben kein ausdrückliches Zeugnis dafür, wie die Teilnehmer über das, was sie taten, dachten. Bestrafte der Priester ein Tier, das an das Trojanische Pferd und damit an die mythische Erstniederlage der römischen Vorfahren erinnerte? Spielten die gegeneinander kämpfenden Stadtbewohner Trojaner und Griechen? Der römische Dichter Vergil lässt in seiner Version des Trojanischen Krieges einen Priester Laokoon – einen Speer gegen das Pferd schleudern, eine Szene, für die wir kein griechisches Vorbild ausfindig machen können. Caesar richtete einen Verräter in derselben Weise hin. Über die Feststellung von Denkbarem kommen wir hier nicht hinaus.

In anderen Ritualen wird der Grad an Wahrscheinlichkeit höher. Die Kultstätten des Mithras waren höhlenartig gestaltet, ermöglichten manchmal besondere Effekte in der Beleuchtung des Kultbildes, das die Stiertötung durch den Gott Mithras zeigte. Manchmal schmückte ein Sternenhimmel die Decke. Dieser Kultraum repräsentierte den Kosmos, inszenierte vielleicht in seiner klaren Orientierung mit den beiden Liegebänken an den Längsseiten Lebens- und Seelenschicksale. Wandgemälde zeigen Kultmitglieder mit verbundenen Augen, die bedroht werden. Es spricht viel dafür, dass in einem solchen Ritual mythische Zeit und rituelle Gegenwart verschmolzen.

Aber auch hier ist Vorsicht geboten: Manche Mithräen wurden ausgemalt wie zeitgenössische Wohnzimmer, nicht Menschen-, sondern Hühnerknochen füllten zugehörige Abfallgruben. Wer im Laufe eines rituellen Spiels sich tatsächlich aus der Alltagswelt entführt spürte, wissen wir nicht.

Immerhin, körperliche Vorbereitungen konnten die Wahrscheinlichkeit steigern. Vom römischen Ceres-Kult, der den griechischen Demeter-Kult, wohl auch Aspekte der Eleusinischen Mysterien abbildete, wissen wir von Fasten als Vorbereitung. Gesang und Tanz könnten tranceartige Zustände herbeigeführt, die Lied- und Gebetstexte entsprechende Deutungen verstärkt haben. Es ist der Isis-Kult und das Zeugnis des Eselsromans des Apuleius, der uns in der Beschreibung der Einweihung des Hauptakteurs auf solche Übernahmen mythischer Rollen hinweist.

29. Was haben Mythos und Ritual miteinander zu tun? Nur in wenigen Fällen lässt es sich plausibel machen, dass Rituale Mythen nachspielten, und auch hier wissen wir nicht, ob das ursprünglich so beabsichtigt war und von allen so verstanden wurde. Wichtig und verbreitet ist ein viel lockerer Bezug. Rituale bieten Gelegenheiten, Mythen zur Sprache zu bringen. Das kann in sehr knapper Form geschehen. Erzählungen über den Gott, dem ein Opfer gilt, werden in die Gebete und Hymnen, die ein solches Ritual unweigerlich begleiten, eingebaut. In seinem für einen Mädchen-und-Knaben-Chor gedichteten Festhymnus für die römische Säkularfeier (die nur alle hundert Jahre stattfinden sollte) des Jahres 17 v. Chr. ruft Horaz zunächst Apollo und Diana mit Bitten an. Dann aber erinnert er in knapper Form an die Herkunft der Römer aus Troja, an den Ortswechsel, den die Götter befohlen hatten. Er erinnert an die mythischen Akteure, an Aeneas und Anchises, Romulus und Venus.

Auch die in der Antike entstandene christliche Eucharistiefeier weist solche Elemente auf. Die Gebetstexte erinnern an das letzte Abendmahl Jesu mit seinen Jüngern, bis hin zu wörtlichen Zitaten der Berichte über dieses Ereignis in den Evangelien. In welchem Verhältnis hier Erinnerung und Vergegenwärtigung im rituellen Spiel stehen, ist ein Streit der Auslegungen. Auch hier ist die Wahrnehmung der Akteure nur teilweise kontrollierbar.

Rituale sind aber in einem noch weitergehenden Sinne Orte für Mythen. Antikes Theaterspiel war keine «säkulare» Beschäftigung, kein «Kulturbetrieb», sondern Religion. Theater gespielt wurde zunächst zu Ehren des Gottes Dionysos, ehe sich das populäre Ritualelement auch mit anderen Kulten verband. In Rom wurden sogenannte szenische Spiele Bestandteile vieler großer Feste und waren kaum weniger populär (wenn auch schon etwas elitärer) als die circensischen Spiele, die Pferde-, Maultier- und Wagenrennen. Es waren die Götter, die mit ihren eigenen Geschichten unterhalten werden sollten. In Rom waren sie im Theater präsent wie Dionysos in Athen; eine eigene Prozession führte sie aus den Tempeln in das Theater. Dabei ist festzuhalten, dass sich für uns der Zusammenhang zwischen dramatischem Stück und Festanlass kaum erschließt. Wichtig war offensichtlich gute Unterhaltung. Das aufgeführte Drama konnte, musste aber keine Aitiologie, keine mythische Begründung für das jeweilige Fest liefern.

Aitiologische Mythen gab es aber; die Römer versuchten möglichst genau zu memorieren, welches historische Ereignis den Ausschlag für die Einrichtung eines Kultes gegeben hatte. Der augusteische Dichter Properz widmete dem Neubau eines Apollo-Tempels auf dem römischen Palatin ein Gedicht. In ihm erinnert er an den Sieg des Augustus in der Seeschlacht bei Actium 31 v. Chr. und den Beistand der Götter, vor allem aber das Erscheinen, die Epiphanie des Gottes Apollo, die den Ausschlag dafür gegeben haben soll, dass Augustus endgültig zum Alleinherrscher Roms wurde.

Aber musste der Bezug immer explizit sein? Zu Beginn des zwanzigsten Jahrhunderts entwickelte sich eine eigene Forschungsrichtung, die Myth-and-Ritual School, die den Schlüssel für viele Mythen darin sah, dass diese Mythen komplizierte Rituale kommentieren oder in erzählerischer Verpackung wiedergeben sollten. Dabei handelte es sich natürlich immer um die Umsetzung von Handlungen menschlicher Akteure und religiöser Spezialisten wie z. B. Priester, Seher und Opferdiener in Erzählungen über das vergangene Handeln von Göttern und Heroen. In Einzelfällen hat dies erstaunliche Parallelen zutage gefördert. Als Gesamtdeutung hat der Ansatz sich aber nicht bewährt. Richtig ist, dass ein großer Teil antiker religiöser Reflexion seinen Ausgangspunkt beim Nachdenken über Rituale und bei den Gottheiten, die bei diesen Ritualen anwesend sind, nimmt. Noch die neuplatonische Philosophie der Spätantike ist intensiv mit der Deutung von Ritualen, schließlich auch der Komposition von Ritualen beschäftigt. Aber die Verbindung von Ritual und

Mythos ist kurzzeitig. Während sich Rituale durch hohe Stabilität ausweisen, sind Texte, sind Mythen viel beweglicher. Die Version, die ein Ritual deuten wollte, kann morgen schon mit ganz anderen Interessen überarbeitet werden. Beweglicher sind Mythen auch in räumlicher Hinsicht. Der geographischen Verbreitung der homerischen und vieler anderer Mythen entspricht nicht die Verbreitung von Ritualen. Sie sind oft völlig ortsgebunden und eher in seltenen Fällen transportierbar oder kopierbar.

30. Wo las man Mythen? Die antiken Gesellschaften waren Kulturen, in denen Schrift verbreitet war, aber Schriftliches immer Unikat war. Das galt für Inschriften auf Stein oder Bronze nicht anders als für Texte auf Papyrus oder Pergament. Die «Veröffentlichung» von Texten bestand im Anfertigen von Kopien, in der Kaiserzeit durchaus in Handwerksbetrieben, die mehreren Schreibern gleichzeitig Texte diktierten. Die Fehleranfälligkeit und den folgenden Korrekturbedarf kann man sich leicht vorstellen. Entsprechend hoch waren die Kosten für «Bücher», deren Spuren dennoch bis in ägyptische Militärstandorte zu verfolgen sind. Nachrichten über privaten Bücherbesitz, der die Bezeichnung «Bibliothek» trägt, finden sich für Griechenland schon im sechsten Jahrhundert v. Chr., doch dürfte erst im folgenden Jahrhundert diese Form schriftlicher Kommunikation größere Bedeutung erreicht haben. Hier scheint insbesondere der Lehrbetrieb in Philosophenschulen eine wichtige Anregung zur Verschriftlichung von Vorträgen, zur Dokumentation und zum Austausch gebildet zu haben. Die homerischen Epen, die spätestens im sechsten Jahrhundert v. Chr. ihre Endredaktion erfahren haben dürften, waren in diesen Schulen sicher verfügbar. Dies jedenfalls legen die philosophische Kritik wie die «Rettungen» nahe.

Man musste eine Buchrolle aber nicht kaufen, um sie zu lesen. Neben den Bibliotheken der Philosophenschulen entwickelten sich im Hellenismus seit dem dritten Jahrhundert v. Chr. öffentliche Bibliotheken, die dann in der Kaiserzeit in vielen wichtigen Städten anzutreffen waren. Zunächst waren sie mit Palästen hellenistischer Herrscher verbunden. Das Museion von Alexandria ist die wohl berühmteste dieser Institutionen, zu denen aber auch in Pergamon ein Gegenstück zu finden war. In der Folgezeit finden sich Bibliotheken aber auch in Gymnasien und Heiligtümern, so im Asklepios-Heiligtum zu Kos, in Epidauros, in Pergamon, im Apollo-Palatinus-Tempel zu Rom, im Serapis-Heiligtum und Kaiserkulttempel zu Alexandria oder im Trajans-Tempel zu Antiochia. Zu benutzen waren die Bestände in der Bibliothek, es gab weder Ausleihtheken noch Fernleihverkehr – wie ihn der private Austausch von Büchern zu Arbeitszwecken oder um eine Kopiervorlage zu bekommen durchaus kannte. Wenn Varro zu nächtlicher Stunde noch die Komödien des Aristophanes und die philosophischen Schriften des Stoikers Kleanthes von Assos las, dürften auch Mythen zum Genuss privater Lektüre beigetragen haben.

31. Was ist der kürzeste Mythos? Mythen sind traditionelle Erzählungen. Das hat zwei sehr unterschiedliche Konsequenzen. Die erste ist: Man kann mit dem Erzählmaterial spielen. Der Kern der Geschichte wird je nach Gelegenheit, bildlicher oder literarischer Gattung, nach dem Gestaltungswillen des Verfassers eines konkreten Textes immer wieder neu und immer wieder anders erzählt. Ein Teil des Vergnügens, Mythen zu hören oder zu lesen, besteht auch darin, die neue sprachliche Form, die neuen Pointen zu genießen. Die zweite Konsequenz geht in eine ganz andere Richtung. Wenn die Geschichte bekannt ist, muss man sie nicht immer wieder ganz neu erzählen. Man kann sich auf das Wesentliche oder gar auf nur eine Szene beschränken – für bildliche Darstellungen ist das zumeist ein Muss. Solche Anspielungen sind vermutlich der Regelfall des alltäglichen wie des fest-rednerischen Einsatzes von Mythen.

Im Extremfall kann der Mythos auf einen Personennamen beschränkt sein, die Nennung eines Heros etwa, oder ein prägnantes, ein sprechendes Adjektiv, das einem Götternamen hinzugefügt wird. Im Eröffnungsgedicht des vierten Buches der Lieder des Properz wird eine Art aitiologischer Stadtführung geboten, die die ruhmreiche Geschichte Roms veranschaulicht. Wenn es heißt, dass dort, wo heute Rom sei, Hügel und Gras gewesen seien, bevor der «Phryger Aeneas» kam, ruft das eine ganze Geschichte ins Gedächtnis: den trojanischen Flüchtling Aeneas, der in Italien landet und mit seinem Sieg über feindliche latinische Stämme die Reihe von Stadtgründungen anstößt, die schließlich zur Gründung Roms führt. Wenn auf die Hütte des Remus verwiesen wird mit dem einen Herd, der für beide Brüder das Königreich gebildet habe, spielt das auf das Bruderpaar an, das sich über die Gründung der Stadt Rom zerstreitet: Romulus wird der erste König Roms, Remus wird schließlich von seinem Bruder getötet, als er die niedrigen Mauern der neuen Stadt überspringt und sich

Abb. 4: Persephone herrscht mit Hades in der Unterwelt.
Apulische Vase (Volutenkrater) um 330 v. Chr. aus Canusium;
Staatliche Antikensammlung München

so über sie lustig macht. Nachdem der im Gedicht sprechende Fremdenführer schon längst eine Reihe weiterer Anspielungen auf wichtige Rituale und die umliegenden latinischen Städte gemacht hat, kehrt er zu beiden Mythen zurück, um die einfachen Anfänge mit dem Luxus der Gegenwart zu kontrastieren: Der heutige Zögling der Stadt wird kaum glauben, dass sein Stammvater von einer Wölfin gesäugt wurde, Troja kann sich glücklich schätzen, hierhin seine flüchtigen Heimatgötter, die Penaten, gesandt zu haben. Erneut entsteht das Bild des Trojaners Aeneas, der seinen Vater und die Penaten trägt, vor dem geistigen Auge der Leserinnen und Leser, ebenso das Bild des Brüderpaares Romulus und Remus unter der Wölfin, wie sie es aus der zeitgenössischen Kunst kannten. Der Kontext verleiht den Mythen Profil: Nicht die Abstammung aus göttlichem Geblüt rückt in den Vordergrund, sondern die bittere Not der Anfänge: Flüchtlinge, Wolfskinder. So kann man die beiden Mythen auch erzählen. Man muss es aber nicht.

In anderen Fällen hat die Knappheit der Texte dringlichere Gründe. Zwischen Rom und der kleinasiatischen Küste, vor allem aber in Süditalien, auf dem griechischen Festland und auf Kreta hat man kleine Goldblättchen als Grabbeigaben gefunden, insgesamt rund vierzig. In manchen Fällen ist der Text auf wenige Worte reduziert: «Für Pluton, für Persephone» liest man auf einem kretischen Exemplar. Bei diesen Texten ist es wesentlich, dass die angesprochenen Leser, die Unterweltsgötter, die ganze damit in Verbindung stehende Geschichte verstehen: den Bezug auf die Befreiung – oder zumindest zeitweise Befreiung – der von ihrer Mutter Demeter durch Pluton geraubten und von derselben wiedergefundenen Persephone, die in der Unterwelt herrscht, aber immer wieder neu auf die Erdoberfläche kommen darf. Das ist der zentrale Mythos der Eleusinischen Mysterien. Das ist zugleich ein zentraler Text für die Mysterien, in denen der Gott Bacchus (Dionysos) im Mittelpunkt steht. Sie werden mit Hymnen, die man dem Sänger Orpheus zuschreibt, begangen. Für den Kult können dazu lange Texte dienen, im Grab muss die Anspielung reichen.

32. Was sind Mythographen? Wer immer in der Zeit nach Homer einen Mythos nicht nur zur dramatischen Aufführung aufschrieb, galt der Antike als «Mythograph». Das schloss Philosophen, die mit einem Mythos argumentierten, ebenso ein wie Dichter, die einen Mythos zu Unterhaltungszwecken bearbeiteten. Heute versucht man den Begriff enger zu fassen. Er bezieht sich auf Verfasser antiker Texte, die nicht selbst Mythen erfinden oder neu gestalten, sondern Vorhandenes sammeln wollten. Das Ziel solcher Sammlungen konnte sehr unterschiedlich sein. Vielfach diente die Dokumentation der Erklärung wichtiger Texte, natürlich insbesondere der homerischen

Epen. Im Lateinischen galt dasselbe für die zum Nationalepos und zur Schullektüre aufgestiegene (von den Dichtern selbst wurde Letzteres oft eher als Abstieg betrachtet) «Aeneis» des Vergil. Ebenso für das Epos «Thebais» des Dichters Statius (spätes erstes Jahrhundert n. Chr.), der den Stoff der «Sieben gegen Theben» bearbeitet hatte. Solche Sammlungen zum Zweck der Dichter-Erklärung umfassten natürlich nicht nur Mythen als solche, sondern auch Sacherklärungen der kommentierten Dichtungen, die aus Geographie, Geologie, Botanik oder kulturellen Daten wie Ritualen genommen wurden. Ortsnamen waren ebenso wichtig wie Götternamen. Das Ganze war ein äußerst intensiver Betrieb, den wir oft nur noch aus spätantiken und mittelalterlichen Erklärungen («Scholien») rekonstruieren können: Kommentare dienten als Grundlage für Handbücher, die dann wiederum für Kommentare ausgewertet wurden.

Der Zugriff der Mythographen war im Einzelfall sehr unterschiedlich. Von philologischem wie historischem Interesse war die Identifizierung von abweichenden Varianten, sei es um die Kreuzung von Varianten in kommentierten Dichtungen kenntlich zu machen, sei es um Alternativen aufzuzeigen. Ein philosophisches Interesse konnte sich in der konsequenten allegorischen, zumeist naturphilosophischen Deutung (oder gar «Rettung») der Mythen niederschlagen. Erhalten ist ein solches Werk in dem «Kompendium zur Theologie der Griechen» aus der Feder des Lucius Annaeus Cornutus, der im ersten Jahrhundert n. Chr., also in der frühen römischen Kaiserzeit, schrieb. Aus derselben Epoche stammen die Handbücher des (Pseudo-)Apollodor, die «Bibliothek», und die «Fabeln» des Hygin. Solche Sammlungen verstanden sich ebenso als Stoffsammlung für Dichter wie als Lektüre für die «Endverbraucher» selbst, Unterhaltung auf Reader's Digest-Niveau, könnte man sagen. Die Grenzen zwischen Gestaltung und Sammlung lassen sich hier nur schwer ziehen.

Zwei Sammlungsprinzipien waren besonders ergiebig. Zum einen die Sternmythen. Hier wurden sozusagen Kommentare zu den Sternzeichen am Himmel verfasst. Der seit dem frühen ersten Jahrtausend v. Chr. im Vorderen Orient verbreitete, nicht mehr nur auf wenige Konstellationen beschränkte Ausweis von «Sternbildern» hatte in der hellenistischen und römischen Welt großen Gefallen gefunden. Solche «Verstirnungen» *(Katasterismoi)* sammelten Eratosthenes im Griechischen wie Hygin im Lateinischen.

Das zweite Sammlungsprinzip war ein chronologisches. Oft in der

Form von «Verwandlungen» (Metamorphosen) wurden Mythen von der Entstehung der Götter und der Welt, also Theogonie und Kosmogonie, bis zur Gegenwart gesammelt; Ovids «Metamorphosen» liefern ein erhaltenes, geniales und viel gelesenes Beispiel dafür. Hier zeigt sich, dass Mythographie im modernen und antiken Sinne schwer zu trennen bleibt. Mythen sind selbst Formen der Erklärung; das enzyklopädische Interesse an der Vernetzung solcher Erklärungen, um die Welt insgesamt zu erfassen, ist Teil der antiken Mythenproduktion selbst. Hesiods «Theogonie» wie seine «Frauen-Kataloge» leisten das schon am Beginn der Verschriftlichung von Mythen in der griechischen Antike um die Wende vom achten zum siebten Jahrhundert v. Chr.

33. Gilgamesch oder Warum ist Unsterblichkeit nichts für Menschen? Umfangreiche Mythen wurden in den Kulturen rings um das Mittelmeer schon lange vor Homer verschriftlicht. Einer der populärsten Mythen ist die Geschichte vom Zweidrittelgott Gilgamesch. Erzählt wird von ihm schon in der ersten Hälfte des dritten Jahrtausends v. Chr. als dem tyrannischen Herrscher der mesopotamischen Stadt Uruk mit ihren wohl um 2900 v. Chr. entstandenen neun Kilometer langen Stadtmauern. Schon am Ende dieses Jahrtausends wurde die Erzählung zum ersten Mal, und zwar in sumerischer Sprache, verschriftlicht. In der Folgezeit wurde sie nicht nur in andere Sprachen übersetzt (Akkadisch, die damalige Weltsprache, Hethitisch, Hurritisch), sondern auch mit immer weiteren Erzählungen angereichert. In der Bibliothek des Assurbanipal fand man schließlich eine Fassung von rund dreitausend Versen auf zwölf Tafeln, einschließlich der späten Erzählung vom Tod des Gilgamesch auf der letzten Tafel.

Der eigentliche Erzählrahmen kommt ohne biographische Vervollständigung aus. Die Handlung setzt ein mit einem rücksichtslosen Herrscher. Zwangsverpflichtungen von Männern wie Vergewaltigungen von Frauen gehören zu seinem Herrschaftsstil. Die Bevölkerung bittet die Götter, Abhilfe zu schaffen. So kommt Enkidu in die Welt, ein wildes Wesen an der Grenze von Mensch und Tier, der die Tiere vor Jägern und Fallenstellern rettet. Mit einer List macht ihn Gilgamesch, von seinen Jägern über die Bedrohung informiert, den Tieren abspenstig. Eine Prostituierte wird an einer Trinkstelle postiert und entkleidet sich bei Enkidus Ankunft. Er vergnügt sich sieben Tage mit ihr – und wird bei seiner Rückkehr von den Tieren nicht mehr als ihresgleichen akzeptiert. So nimmt er das Angebot und die Bitte der Frau, mit ihm in die Stadt Uruk zu gehen und dort gegen das Wüten des Herrschers vorzugehen, gerne an. Er will unter Menschen sein.

Als er im Rahmen der Neujahrsfeierlichkeiten, die zugleich der Bestätigung mesopotamischer Königsherrschaft dienen, in die Stadt kommt, trifft er auf Gilgamesch. Es ist gerade der Augenblick, in dem der König an der Spitze einer Prozession den Tempel betreten will, um sich mit der Göttin zu vermählen. Er nimmt die Herausforderung an, unterliegt aber. Enkidu seinerseits erkennt den Mut seines Gegners und belässt ihm die Königsherrschaft. Eine Freundschaft beginnt, die gemeinsamen Abenteuern im Kampf gegen göttliche Ungeheuer Raum bietet. So kämpfen sie gegen das Ungeheuer Huwawa und besiegen es. Das Angebot der Göttin Ischtar, sich mit dem strahlenden Sieger Gilgamesch zu vermählen, weist jener zurück – Beginn einer neuen kriegerischen Episode. Sie endet nicht nur mit der Tötung des von den Göttern gegen sie gesandten Stieres, sondern auch mit einer tödlichen Beleidigung der Göttin durch Enkidu. Zur Strafe stirbt er nach einer neuntägigen Krankheit. Wie auch zuvor begleiten Traumbilder und Traumoffenbarungen der Götter die Helden.

Im Angesicht des toten Freundes sucht Gilgamesch die Unsterblichkeit. Er vermeint sie bei Utanapischti zu finden, der jenseits der Wasser des Todes am Rande der Welt wohnt. Tatsächlich gelingt es ihm – allen Fährnissen zum Trotz –, dorthin zu gelangen. Eine große Enttäuschung erwartet ihn. Zwar lebt der Sterbliche Utanapischti mit seiner Frau ewig, aber nicht aufgrund eines Rezeptes, das sich zur Weitergabe eignet. Ihr ewiges Leben ist ein Geschenk der Götter an die Überlebenden der Sintflut: Die hier eingeschobene Erzählung ähnelt in vielen Details der biblischen Version. Einziger Gewinn des Besuchs bleibt so die Kenntnis einer unterseeischen Pflanze, die immer wieder Jugend schenkt. In einem mühevollen Tauchgang erworben, wird Gilgamesch seines Fundes von einer Schlange beraubt: Aitiologie des Häutens der Schlangen. So bleibt ihm nur die Rückkehr nach Uruk und der Beginn einer geläuterten Herrschaft, die ihn zum wohlgelittenen Stammvater der Herrscher von Uruk macht. Neben dem Nachdenken über grundlegende Aspekte des menschlichen Daseins bietet der Mythos auch eine handfeste Legitimation von Herrschaft.

Wie die frühen griechischen Epen sind auch die mesopotamischen Doppelverse nicht zum Lesen, sondern zur Rezitation aufgezeichnet worden. Anders als die griechische Lautschrift bleibt das Lesen der Keilschrift aber Schriftexperten vorbehalten. Keilschrift lernte man auch in Babylonien nicht in der Schule.

34. Homer oder Wofür kann Blindheit gut sein? Für den griechisch-römischen Kulturraum kann man nicht von Mythen sprechen, ohne Homer zu nennen. Dieser Name steht für den Dichter der beiden ältesten schriftlich überlieferten Epen mythischen Inhalts, die «Ilias» und die «Odyssee». Man kann es sogar noch dramatischer sagen: Homer steht am Anfang der griechischen Literatur. Für uns zum ersten Mal greifbar, aber auch selbst am Beginn der Nutzung der eben erst aus Phönizien importierten Alphabet-Schrift, wird hier ein für den Vortrag bestimmter und in sängerischen Vorträgen vorgeformter Text in einem Umfang verschriftlicht, der die Möglichkeiten mündlicher Tradition weit übersteigt. Das Werk ist perfekter Ausdruck adligen Selbstverständnisses des ausgehenden achten Jahrhunderts v. Chr. Als solches findet es weite Verbreitung, beide Epen werden in ganz Griechenland, einschließlich der Kolonien (etwa in Süditalien), abgeschrieben oder inspirieren bildliche Darstellungen, zum Beispiel auf Vasen. Aber die Oberschichten in den Städten gehen noch weiter: In Athen wird die Rezitation zum Teil eines der größten Feste Attikas, der Panathenäen.

Die Biographie des Dichters selbst ist wie sein Werk Mythos. Im Unterschied zu seinem wohl jüngeren Zeitgenossen Hesiod, dem Dichter der «Werke und Tage», der «Theogonie» und der «Frauen-Kataloge», gibt es keine autobiographischen Hinweise in den Werken. Name wie Dialekt der Texte sind ionisch, weisen also auf eine Herkunft von der kleinasiatischen Ägäis-Küste. Alles Weitere, was die antiken Lebensbeschreibungen füllt, mag in einigen Fällen auf frühe Traditionen des siebten Jahrhunderts zurückgehen, ist aber vor allem Erzeugnis späterer Jahrhunderte, die sich wie wir fragen, wer ein solches Wunder vollbracht haben könnte. Die Folge: Der Dichter hinter den Mythen lässt sich kaum greifen. Sicher ist, dass er selbst nicht nur Schriftsteller, sondern auch Sänger war. Er nutzte die Möglichkeit einer Schrift, die – im Unterschied zu Konsonantenschriften wie dem Hebräischen (oder später Arabischen) oder der mykenischen Silbenschrift (Linear B) – erstmals in der Lage war, präzise den Klang von Wörtern und Sätzen darzustellen. So wurde Gesungenes verschriftlicht, und die Schrift diente als Hilfe zur erneuten mündlichen Aufführung. Sicher ist auch, dass diese Aufführungen «höfische» Ereignisse waren, im Hause von Adligen und im Kreise von Adligen erfolgten – mögen auch Abhängige im Hintergrund an den Wänden gestanden haben. Wahrscheinlich war Homer selbst Angehöriger dieser Schicht. Die Ausbildung zum Gesang und das Erlernen von Liedern, die die Heldentaten der Vorfahren priesen, blieb auch in der Folgezeit ein wichtiges Element der Ausbildung adliger Jugendlicher.

Hier enden die Sicherheiten – die angebliche Blindheit des Sängers eingeschlossen. Selbst die Selbstverständlichkeit der antiken Annahme, dass Homer Dichter von «Ilias» und «Odyssee» (von den sicher späteren «Homerischen Hymnen» auf die wichtigsten griechischen Götter ganz zu schweigen) gewesen sei, ist von der philologischen Forschung der Moderne in Frage gestellt worden. In ihrer Komplexität ist die «Odyssee» sicher ein Werk, das nach der «Ilias» verfasst wurde. Ob dieses Faktum mit der Annahme eines anderen Verfassers – der alle Innovationen mit dem Dichter der «Ilias» teilte und kaum später gelebt haben dürfte – erklärt werden muss, scheint eher fraglich. Unbestritten dagegen ist, dass einzelne Verse, vielleicht ganze Episoden in der Folgezeit noch hinzugefügt wurden. In den rund zweitausend Papyrus-Fragmenten der Epen zeigt sich aber ein Text, der ziemlich stabil ist, ohne je im eigentlichen Sinne kanonisiert und gesichert worden zu sein.

Für die dichterische Konzeption der Erzählungen vom Trojanischen Krieg (Ilias) und der Irrfahrten des Odysseus (Odyssee) ist auffällig, dass beide von den klassischen Grammatikern in je vierundzwanzig Büchern organisierten Texte (von – heute – knapp sechzehn- und gut zwölftausend Versen) von nur fünfzig beziehungsweise vierzig Tagen erzählen, also einen winzigen Ausschnitt der mythischen Ereignisse. Die «Ilias», die mit einem Streit und einer Seuche im griechischen Lager beginnt, endet mit der Bestattung des trojanischen Königssohns Hektor – nicht mit der Eroberung Trojas; die Vorgeschichte lässt sich nur aus Andeutungen rekonstruieren. Das ist in der Odyssee anders. Sie erzählt zwar nur von den letzten vierzig Tagen der zwanzigjährigen Irrfahrt bis zur Wiedervereinigung mit der Gattin Penelope und der Wiedergewinnung der Herrschaft. Aber Odysseus' Aufenthalt bei den Phäaken (Bücher 6 bis 12) gibt Gelegenheit, die vorausliegenden Ereignisse, beginnend mit dem Fall Trojas durch Odysseus' List mit dem hölzernen Pferd, ausführlich zu erzählen. Der Mythos selbst schildert das Erzählen von Mythen.

35. Hesiod oder Was können Musen einem Hirten schenken?
Was wir über Hesiod wissen, wissen wir von ihm selbst. Er wuchs in Böotien, in einem Ort namens Askra auf, wohin sein Vater gezogen war. Diese Ereignisse dürften dem ausgehenden achten Jahrhundert v. Chr. zuzurechnen sein, so dass Hesiod vielleicht in der auf Homer folgenden Generation geschrieben hat. Dass er trotz der früheren finanziellen Probleme aus einer letztlich wohlhabenden Familie der Oberschicht kam, beweist seine große Vertrautheit mit den umlaufenden Mythen und ebenso die Tatsache, dass er mit seinem Bruder vor Gericht Erbstreitigkeiten austrug. In der Schilderung seines «Berufungserlebnisses» stellt er sich aber als Hirten vor. Er weidete seine Schafe am Fuße des Berges Helikon, als die Musen ihm erschienen.

Der Auftrag, den er bekam, lautete, das Geschlecht der immer seienden seligen Götter zu besingen – eine Aufgabe, die er in seiner ersten Dichtung, der «Theogonie», dem «Ursprung der Götter», einlöst. In rund tausend Versen bringt er hunderte von Göttinnen und Göttern in verwandtschaftliche Beziehung zueinander. Was mit dem Chaos und Gaia beginnt, wird durch den dritten Gott, Eros, das Liebesbegehren, ins Werk gesetzt. Die Kette der Beilager, Zeugungen und Geburten führt bis hinab in die Generation des Trojanischen Krieges: Die Göttin Aphrodite gebar nach der Vereinigung mit Anchises auf den Hohen des Ida-Gebirges den Aeneas; aus der Liebesbeziehung mit Odysseus gebar Kirke, die Tochter des Helios, Agrios, Latinos und Telegonos – Herrscher in Italien –; und Kalypso gebar Nausithoos und Nausinoos. Hesiod schließt mit der Ankündigung seines Frauen-Kataloges, der sich den Sprösslingen aus Verbindungen von Göttern mit menschlichen Frauen widmet. Hier werden die Heroengenerationen etwa des thebanischen und trojanischen Sagenkreises gezeugt und geboren. In den rund achthundert Versen eines dritten Epos, den «Werken und Tagen», schafft Hesiod schließlich den Übergang zu den Lebensbedingungen der Menschen seiner Zeit. Sie müssen sich mit den Folgen der moralischen Übel und Verfehlungen der vorangegangenen Zeit auseinandersetzen. Ihrer eigenen Unvollkommenheit gelten die Ratschläge für gutes Leben und wirtschaftliche Betätigungen, insbesondere in der Landwirtschaft.

Das Chaos steht aber nicht am Anfang der hesiodschen «Theogonie». In seiner mythischen Erzählung über das eigene schriftstellerische Tun, die die Götter im Gespräch mit ihm, dem Menschen, zeigt, sucht er nach einer Bestimmung seines Dichtens. Sein Lobpreis der Götter ist lediglich Wiederholung dessen, was die Aufgabe der Musen ist. Neun Gottheiten sind dies, Töchter des Zeus, in neuntägigem Beischlaf mit der Mnemosyne, der Erinnerung, gezeugt: Klio, die Rühmende; Euterpe, die Erfreuende; Thalia, die Festliche; Melpomene, die Sängerin; Terpsichore, die Reigenfrohe; Erato, die Liebliche; Polyhymnia, die Liederreiche; Urania, die Himmlische; und Kalliope, die Schönstimmige und Vorzüglichste unter allen. Ihre Aufgabe ist es, die Götter zu besingen, ihre Gesetze und Taten, Zukünftiges und Vergangenes zu künden. Dem Erzählen von Mythen wird hier ein Eigenwert zugesprochen, der über die plumpe Frage nach der «Wahrheit» des Erzählten hinausgeht.

36. Adam oder Wie kommt das Böse in die Welt? Am Rand der klassisch-antiken Mittelmeerwelt, aber an einem Schnittpunkt altorientalischer Reichsbildungen entstanden Mythen, die von Juden seit hellenistischer Zeit in der ganzen Mittelmeerwelt verbreitet wurden und in der Spätantike zum Bildrepertoire des Römischen Reiches gehörten. Erste Sammlungen dieser Erzählungen setzten vielleicht schon im Königreich Juda ein, sicher aber in der Zeit nach der Exilierung der jüdischen Oberschicht infolge der Eroberung Jerusalems durch die Babylonier im Jahr 587 v. Chr.

Die Erzählung von der Formung des ersten Mannes und der ersten Frau und der Entdeckung ihrer Sexualität im zweiten und dritten Kapitel des ersten Buches der «Bibel», der Heiligen Schriften von Juden und später Christen, kam sicherlich spät in diese hinein. Deutlich unterscheidet sie sich von der vorangehenden Schöpfung der Welt in sechs Tagen und einem Ruhetag durch einen Gott, der über allen Dingen schwebt. Auch noch in der Endredaktion des biblischen Buches bleibt die Doppelung deutlich. Aber es war die alte Erzählung, die Antwort auf die Frage gab, wie in diese gute Schöpfung das Böse hineinkam.

Himmel und Erde waren schon gemacht, aber die Erde wies keine Pflanzen auf, denn noch fehlte der Regen, wenn auch schon Feuchtigkeit sich im Boden zu bilden begann. Aus diesem feuchten Boden formte Gott einen Menschen und blies ihm durch die Nase Leben ein. Für diesen Menschen legte Gott einen Garten an, Eden geheißen und im Osten der Welt gelegen. Er bot Bäume mit köstlichen Früchten und in der Mitte den «Baum des Lebens» und den «Baum der Erkenntnis von Gut und Böse». Die Bewässerung des Gartens erfolgte durch einen sich in vier Flüsse teilenden Strom: Sie heißen Pischon, Gihon, Tigris und Euphrat – der Text entwirft hier eine Geographie des Alten Orients.

Gott setzte den Menschen als Pfleger des Gartens ein und formte ihm alle möglichen Tiere als Helfer. Der Mensch benannte sie, fand aber keine passende Hilfe. Gott ließ ihn also in Schlaf versinken und entnahm ihm eine Rippe. Daraus schuf er eine «Männin», eine Frau. Sie war wie Adam nackt, aber beide hatten (noch) keine Scham voreinander.

Von der Schlange, die die Lehmtiere an Klugheit übertraf, wurde die Frau überredet, von jenen beiden Bäumen in der Mitte zu essen, deren Ernte Gott untersagt hatte. Sie teilte zunächst das Obst des Baumes der Erkenntnis mit ihrem Mann – und beide bemerkten ihre Nacktheit und improvisierten Kleider aus Feigenblättern. Als sie sich aus demselben Grund auch vor Gott, der im Garten war, versteckten, erkannte er die Ursache und bestrafte sie mit den Schmerzen der Schwangerschaft und der Mühe der Arbeit, vor allem aber mit dem Ausschluss aus dem Garten Eden, bevor die Menschen vom Baum des Lebens essen können und so Unsterblichkeit erlangen. Erst jetzt nennt Adam seine Frau, die für den Arterhalt sorgen muss, Eva, «Leben». Als Abschiedsgabe erhalten sie von Gott Kleider aus Fell. Vielfältig wie alle Mythen liefert der Text nicht nur manche Aitiologie, sondern gleich noch eine Kulturgeschichte.

37. Vergil oder Was erträumt man sich im Bürgerkrieg? Als im Jahr 70 v. Chr. Publius Vergilius Maro im norditalischen Mantua geboren wurde, war die römische Republik des Sulla bereits wieder zerschlagen. Die inneren Konflikte wurden immer gewalttätiger. Als im Jahr 60 Caesar, Pompeius und Crassus ihre Absprachen über die Beherrschung Roms trafen, war die Republik zu Grabe getragen, auch wenn der offene, mit dem römischen Militärapparat geführte Bürgerkrieg Caesars gegen Pompeius und die Senatsmehrheit noch ein Jahrzehnt auf sich warten ließen (49 bis 45 v. Chr.). Als Vergil anfing zu dichten, hatten sich die Fronten erneut verschoben: Caesars Adoptivsohn, der später als «Augustus» bezeichnete «Gaius Julius Caesar, Sohn des Vergöttlichten», und seine Generäle bekämpften erst die

Kräfte der Caesar-Mörder, dann den Rivalen Marcus Antonius, der am Ende sein Schicksal mit der letzten Pharaonin, Kleopatra, verband. Als diese im Jahr 30 v. Chr. endgültig besiegt wurden, hatte Vergil sich bereits mit Hirtengedichten und einem Gedicht über die Landwirtschaft («Georgica»), das den neuen Herrscher Augustus pries, einen Namen gemacht.

Vergils Ruhm und seine Bedeutung für die antike Mythologie beruhen auf seiner Dichtung über den trojanischen Immigranten in Latium, Aeneas, der «Aeneis». Das bedeutet nicht, dass in den früheren Werken Mythen gefehlt hätten. Aber es ist das in den Jahren 29 bis 19 v. Chr. entstandene und bei seinem Tod noch immer in einigen Versen unvollendete Heldenepos, das Vergil in das Zentrum römischer Mythographie stellt. Allein aus dem Mittelalter sind noch immer über eintausend Handschriften mit Texten Vergils erhalten geblieben; in der Renaissance wird er zu dem römischen Autor schlechthin. In Dantes «Divina Commedia» führt er den Dichter durch die Unterwelt. Die «Aeneis» wird weiter abgeschrieben, ganz früh gedruckt, in viele Sprachen übersetzt – und illustriert. Aeneas wird zum Vorbild der frühneuzeitlichen Fürsten Mitteleuropas, die ihre Schlösser mit seinen Erlebnissen und Taten ausschmücken lassen: als Wandgemälde, auf Tafelbildern, in Form von Teppichen. Zählt man die von diesem Mythos inspirierten Bilder und Statuen, muss Vergil nur hinter Ovids «Metamorphosen» und – natürlich – den biblischen Erzählungen des – wie es die Christen nennen – mit den Juden geteilten «Alten» und des «Neuen Testaments» zurücktreten.

38. Ovid oder Für wen erzählt ein Exilant? Eine der wichtigsten Quellen für unser Wissen von römischen Göttern, Kulten und Mythen ist der römische Dichter Publius Ovidius Naso, kurz: Ovid. Wie die meisten Dichter dieser Zeit wurde er nicht in Rom geboren, sondern im mittelitalischen Sulmo im Jahr 43 v. Chr., ein Jahr nach Caesars Ermordung. Wohl dem Ritterstand entstammend begann er eine Karriere in der Verwaltung, bevor er sich berufsmäßig dem Dichten zuwandte. Popularität gewann er als Dichter intelligenter, aber auch kühner Liebesgedichte. Vielleicht an einem erotischen Skandal in der Herrscherfamilie beteiligt, wurde er im Jahr 8 n. Chr. ans Schwarze Meer nach Tomi (heute das rumänische Constanza) verbannt; auch unter dem Nachfolger des Augustus, Kaiser Tiberius (14 bis 37 n. Chr.), gelang es ihm nicht, mit seinen gedichteten Briefen aus dem Exil eine Rückkehr zu erwirken. Im Jahr 17 n. Chr. starb Ovid.

Für die Mythologie wichtiger als die Liebesdichtung waren zwei andere Werke. Die *Libri fastorum* («Kalenderbücher») kommentierten den römischen Kalender und seine Feste. Jedem Monat war ein eigenes Buch gewidmet. In einer Einleitung diskutiert Ovid immer den Namen des Monats. Schon hier spielen Mythen eine Rolle. Für den Monat März kann Ovid Geschichten vom Gott Mars erzählen und schließlich auf Zentralgottheiten auch anderer Völker zu sprechen kommen, die ähnliche Verwandtschaftsbeziehungen aufweisen. Bei anderen Monaten ist es nicht so einfach. Hier muss erst einmal die Herkunft des Namens, die Etymologie, geklärt werden. April könnte etwas mit Aphrodite zu tun haben – und Ovid beginnt mit der genealogischen Verbindung von Venus und Rom. Die Alternative, die Ableitung von «öffnen» *(aperire)*, muss aber zumindest kurz angesprochen werden. Für den Mai ist das noch problematischer: Hier treten unter anderen Möglichkeiten gleich zwei Gottheiten in den Ring, Majestas und Maja. Da es die Musen selbst sind, die unterschiedliche Möglichkeiten – und entsprechend viele Mythen – erzählen, enthält sich der Dichter eines abschließenden Urteils. Aitiologische Mythen treten oft in Konkurrenz zueinander, und es ist schicker, viele zu kennen, als sich für einen zu verkämpfen.

Den Hauptteil der Bücher bilden dann die Erklärungen zu den Abkürzungen und Festen der jeweiligen Monate, streng der Reihung des Kalenders folgend. Der Dichter breitet hier sein Wissen aus, öfter aber gibt er Göttern oder Festteilnehmern, die er interviewt, Gelegenheit zu Erzählungen. Das Fest der Floralia bietet so der Göttin Flora Gelegenheit zur Selbstvorstellung: Sie habe griechisch Chloris geheißen und sei eine Nymphe der Gefilde der Seligen gewesen. Von ihrer Schönheit wurde der Windgott Zephyros berückt. Diesem Westwind half sein Bruder Boreas, der Nordwind, Chloris zu fangen und zu vergewaltigen. Immerhin machte Zephyros sie zu seiner Gattin und schenkte ihr den Frühling. Teil ihrer Mitgift war ein Garten voller Blumen unterschiedlichster Farbe, die sie dann über die Erde verbreitet und ihr so Farbigkeit verliehen habe.

Während der Kalenderkommentar über sechs Bücher im elegischen Versmaß, also über den Juni, nicht hinausgeführt wurde, führt die größere Dichtung der «Metamorphosen» den Leser in fünfzehn Büchern epischer Hexameter ans Ziel: Die Geschichte der Welt von den ersten Anfängen bis zur Gegenwart der Vergottung/Vergöttlichung Caesars und der augusteischen Herrschaft wird als unablässige Kette von «Verwandlungen» (von Körpern, die danach eine neue Gestalt, aber weiter ihr ursprüngliches Wesen besitzen) - das bedeutet der Titel - erzählt. Das Thema des Verhältnisses von Veränderung und Identität war auch schon vorher Gegenstand von epischen Gedichten, hier wird es zur umfassenden Deutung der Welt, des Menschen und seiner Geschichte. Stofflich ist dieses Gedicht eher eine kunstvoll verknüpfte Sammlung von Mythen denn eine chronologische Systematik. Das machte es Späteren leicht, die einzelnen mythischen Episoden herauszulösen und zu Gegenständen eigener Gedichte oder Bilder zu machen. Seit der Renaissance gehört Ovid zu den wichtigsten Quellen für die europäische Aufnahme und Gestaltung antiker Mythen. Vieles von dem, was uns als immer wieder aktualisierte «kanonische» Fassung eines antiken Mythos erscheint, ist der Eigenheit der ovidischen Fassung geschuldet.

Was man über Götter wissen sollte

39. Wie kann man Götter kennen können? So viel auch Mythen von Göttern erzählen: reicht das, um sich ein Bild von ihnen machen zu können? Was sah man, wenn man die Augen schloss und einen Mythos hörte? Wie erkannte man einen Gott im Traum, wenn er kein Namensschild trug, wie es Darstellungen mythologischer Szenen auf Spiegeln oder Vasen manchmal boten? Die Antwort ist einfach und wurde von antiken Zeugen einheitlich gegeben: Wie die Götter aussehen, wissen wir von ihren Kultbildern.

Man benötigte keine Bilder, um einen Gott zu verehren. Manche Kultstätte bestand nur aus einem Altar, der nicht einmal aus Stein sein musste. Hohe Wertschätzung genossen archaische Kultbilder, die aus nur wenig behauenen Baumstämmen bestanden. Aber noch vor der Mitte des ersten Jahrtausends v. Chr. wurde im griechisch-italischen Raum das üblich, was in Ägypten eine lange Vergangenheit hatte und sich auch im phönizisch-babylonischen Raum großer Beliebtheit erfreute: die präzise Darstellung von Göttinnen und Göttern in menschlicher Gestalt – die tiergestaltigen Götter der Ägypter blieben dem nördlicheren Mittelmeerraum fremd. Diese Bilder waren ein unerlässliches Hilfsmittel, um die wachsende Zahl der Götter der einzelnen Städte zu überblicken und zwischen ihnen unterscheiden zu können. In ihren Tempeln waren sie präsent. Sie waren, was ihr Bild darstellte. Natürlich gab es Unterschiede in der Gestaltung eines Zeus oder Jupiter. Aber dass dieser Gott bärtig darzustellen war, war verbreitete Konvention, so wie Apollo ein jugendliches Alter besaß. Diese Konventionalisierung erlaubte ihre eindeutige Repräsentierung im öffentlichen wie privaten Raum: Der Gott mit dem Geldbeutel an der Außenseite eines Geschäftes war sicher Merkur; der Gott mit dem langen Penis im Eingang eines Privathauses sicher Priap, der Einbrechern und Ruhestörern die Strafvergewaltigung androhte.

Die «Bedeutung» einer Göttin oder eines Gottes war aus einem solchen, in den Tempeln in der Regel plastischen Bild, also einer Statue, nicht ohne Weiteres abzulesen. Hier nun mussten Bild und Texte zusammenspielen. Der Ort für dieses Zusammenspiel war zuallererst das Ritual. Hier konnten die Anwesenden hören, um was eine Gottheit gebeten wurde, im Verein mit welchen anderen Göttern und in welcher Reihenfolge man die Bitte um Hilfe oder den Dank an sie richtete. Sogenannte Votivgaben konnten an ein solches Bitt- oder Dankritual dauerhaft erinnern, oft in symbolträchtiger Form oder mit einer entsprechenden Beschriftung. So konnten auch Fremde beim Umhergehen in einem Heiligtum die «Funktion» der jeweiligen Gottheit kennenlernen.

40. Was ist ein Pantheon? Seit dem dritten Jahrhundert v. Chr. gab es in der hellenischen Welt Heiligtümer, die «allen Göttern» geweiht und als Pantheion oder Pantheon bezeichnet wurden. Ein solches gemeinsames Heiligtum ist Ausnahme, nicht Regelfall. Üblicherweise war eine Gottheit klar als Eigentümer einer Kultstätte ausgewiesen; wenn sie sich den Kult regelmäßig mit einer anderen Gottheit teilte, wurde das eigens vermerkt. Selbst kleinere Göttergruppen, Triaden, also Dreiergruppen zum Beispiel, bilden eine Ausnahme. Auf dem römischen Kapitol wurde zwar die «kapitolinische Trias» im Haupttempel verehrt, aber Jupiter (im Zentrum), Juno und Minerva besaßen je eine eigene Zelle, ein eigenes Schiff dieses Bauwerkes. Die Einrichtung eines Heiligtums für alle Götter stellt demnach eine Folge eines theologischen Nachdenkens dar, das in der hellenistischen Zeit gelegentlich auch politische Entscheidungsträger und Stifter in den griechischen Städten erfasste. Für das als Pantheon bekannte kuppelförmige Kultgebäude auf dem Marsfeld der Stadt Rom ist im Übrigen gar nicht erwiesen, dass es gerade einem solchen gemeinsamen Kult diente.

In der modernen Religionswissenschaft hat der Begriff Pantheon noch eine weitere Bedeutung gewonnen. Er bezeichnet die Gesamtmenge der in einer Stadt oder einer Region von deren Bürgern oder wenigstens Eliten verehrten Gottheiten. Lange Zeit hat man viel Energie auf die Untersuchung der Strukturen solcher lokaler Panthea verwendet. Man sah in ihnen Spiegelbilder gesellschaftlicher Strukturen oder Idealbilder solcher Strukturen. Heute ist man mit solchen Deutungen sehr viel vorsichtiger geworden. Richtig ist, dass antike Rituale selbst immer wieder Zusammenstellungen von Göttern, die am Ort verehrt wurden, vornahmen. Bei der römischen Zirkusprozession, die allen Zirkusspielen voranging, wurde eine Vielzahl von Göttern als Zuschauer in den Zirkus geleitet. Manche Gebete berücksichtigen eine Reihe von Göttern, bevor sie sich auf eine speziell angerufene Gottheit konzentrieren. Aber diese Zusammenstellungen unterschei-

Abb. 5: Athene kämpft gegen die Giganten mit. Marmorrelief des 2. Jhs. n. Chr. aus Aphrodisias

den sich untereinander, sie können wechseln, sie sind nie vollständig. Es sind oft private Initiativen, die neue Gottheiten an einen Ort bringen, auch wenn ein großer Tempelneubau im Stadtinneren üblicherweise öffentlicher Zustimmung bedurfte. Den Einwohnern selbst konnten sich die tatsächlich vorhandenen Gottheiten allenfalls durch ein (in einer Großstadt schon mühsames) Aufsuchen aller Kultstätten, nicht aber in offiziellen Listen oder dergleichen erschließen: Kultkalender waren hier keine auf Vollständigkeit angelegten Führer.

Gleichwohl erlangten bestimmte Götterzusammenstellungen große Popularität. Das war nicht der erschöpfende Katalog des Hesiod, wohl aber die göttlichen Akteure der homerischen Epen und der späteren, ebenfalls Homer zugeschriebenen sogenannten «Homerischen Hymnen». Eine – immer wieder leicht anders zusammengesetzte – Gruppe der «Zwölfgötter» wird verschiedentlich seit dem sechsten Jahrhundert v. Chr. erwähnt, erlangte im Kult aber nie die Bedeutung, die sie in den Texten besaß. In der römischen Kaiserzeit fassten in den germanischen und angrenzenden Provinzen sogenannte Jupiter-Giganten-Säulen immer wieder wichtige Gottheiten in Vierer-, Siebener- und Achter-Gruppen zusammen; die namengebende Bekrönung solcher Säulen zeigte Jupiter, der einen Giganten niederritt: Erst der Verweis auf einen Mythos machte klar, was man mit einer Gottheit wirklich verband.

41. Waren alle Götter Menschen? Wir dürfen davon ausgehen, dass Griechen wie Römer keinen Zweifel an der Historizität der menschlichen Akteure mythischer Geschichten hatten, auch wenn man sie - mit zunehmenden Unsicherheiten im Detail - in die graue Vorzeit datieren musste. Diese Überzeugung wies einen Weg, mit dem Problem der Götter umzugehen, die in so merkwürdiger Weise ganz anders als die Menschen, machtvoll und unsterblich, und ihnen doch in Aussehen und manchen Charakterzügen so ähnlich waren.

Um das Jahr 300 v. Chr. erzählte Euhemeros eine ganz neue Geschichte von den Göttern. Natürlich hatte er diese nicht selbst erfunden, nein, auf seinen Reisen war er auf eine Insel Panchaia gekommen. Dort hatte er einen Zeustempel angetroffen, in dessen Inneren eine beschriftete Säule stand. Diesen Text behauptete er wiederzugeben. Wir kennen Euhemeros' Darstellung nur aus späteren Zitaten und einer Übersetzung. Etwa einhundert Jahre später übersetzte der italische Dichter Ennius den Text ins Lateinische und schuf so einen der ersten literarischen Prosatexte des Lateinischen - leider ist auch dieser Text nur in späteren Zitaten fragmentarisch erhalten. Gleichwohl kann man daraus einen guten Eindruck von Euhemeros' Erzählung gewinnen.

Titan hatte Saturnus und Ops ins Gefängnis geworfen. Als Jupiter davon erfuhr, kam er mit einer großen Schar von Kretern und besiegte Titan und dessen Söhne. Er befreite die Eltern und zog sich erneut nach Kreta zurück. Der Vater war aber undankbar und legte dem Jupiter Hinterhalte, so dass dieser Jagd auf Saturn machte, der in ganz Italien kaum noch einen Unterschlupf fand. Auf Jupiters Haupt setzte sich ein Adler nieder, was ihm die Königsherrschaft verhieß. Seinem Großvater Caelus richtete er einen ersten Altar ein, auf dem er ein Opfertier ganz verbrannte; den Himmel (lateinisch *caelum*) benannte er dann nach seinem Großvater.

Viel Zeit verbrachte Jupiter auf dem Berg Olymp, wo man ihn in Rechtsangelegenheiten für Entscheidungen aufsuchte, aber auch, um ihm neue Erfindungen für das menschliche Wohl vorzuführen. Er schuf sich aber auch viele Verbündete durch Herumreisen, begründete mit vielen Königen und Fürsten Freundschaften. Um diese nachhaltig zu machen, verlangte er immer beim Abschied den Bau einer Kultstätte mit dem Namen seines Gastgebers. So entstanden in einer schlauen Verbindung von Ruhm, göttlichen Ehren und Religion Tempel für Jupiter Ataburius, Jupiter Labryandus, Jupiter Laprius und so weiter. Seiner Anordnung folgte man gerne und richtete jährliche Feste ein. Das verbreitete nicht nur den Kult Jupiters auf Erden, sondern bot auch vielen anderen ein Vorbild. Jupiter selbst starb, vom Alter gedrückt, in Kreta, wo man sein Grab samt Grabinschrift besichtigen kann.

42. Wie wird ein Kaiser zum Gott? Herrscher haben immer einen eigenen Status. Das gilt nicht nur zu Lebzeiten. Wo die Beseitigung der Leichen einfacher Menschen oft nur mit Mühe Grundregeln von Pietät einhält, können Herrschergräber mit unglaublichem Aufwand gestaltet werden. Das sichert nicht nur ein prachtvolles Fest für den Nachfolger. Es sichert den Verstorbenen unter Umständen auch ein Schicksal im Jenseits, eine Fortexistenz, die sich vom Schicksal der Masse unterscheidet. Seit dem Ende des fünften Jahrhunderts v. Chr. und besonders seit der hellenistischen Epoche ging man darüber hinaus.

Da waren zum einen die Ehrungen des lebenden Herrschers. Man konnte Ehrungen, die eigentlich den Göttern vorbehalten waren, auch Herrschern zuerkennen, im Zweifelsfall auch Rom und römischen Statthaltern. Das betraf die Einrichtung von Kultstätten, von Festen, die Aufstellung von Statuen, denen Verehrung zuteilwurde. Der Herrscher wurde wie ein Gott verehrt – nur so konnte man seine Wohltaten, die er Menschen und Städten zukommen ließ, noch angemessen würdigen. Der Herrscher war dadurch noch kein Gott. Aber der Graben zwischen Menschen und Göttern war nicht unüberwindlich. Das enge Miteinander von Menschen und Göttern war Gegenstand zahlreicher mythischer Erzählungen. Das schloss den sexuellen Verkehr, die Geburt von Halbgöttern mit ein. Herkules zeigte den Weg vom Menschen zum Gott: Seine Wohltaten für die Menschen und Götter ließen ihn im Tod zum Gott werden. Das alles waren Gedankenexperimente, die sich auf den Umgang mit gegenwärtigen Herrschern anwenden ließen.

Der weitergehende Schritt war demnach die direkte Vergöttlichung eines Herrschers nach seinem Tode. Die fortdauernde Gegenwart ließ sich mit Verweis auf Sterne oder Kometen plausibler machen. Die gelegentliche Praxis der hellenistischen Königreiche wurde in Rom zur Institution. Caesar wurde vermutlich schon in seinen letzten Lebensmonaten zum Gott erhoben; das Erscheinen des «Julischen Sterns», eines Kometen, bald nach seinem Tod, konnte das noch einmal bestärken, wenn man ihn nicht schon auf den Nachfolger deutete.

Mit dem Tod des Augustus im Jahr 14 n. Chr. – über ein halbes Jahrhundert hatte er das neue System geprägt – wurde in Rom ein Verfahren entwickelt, das der Vergöttlichung, der «Konsekration», die Routine eines Rituals verlieh. Ein verdienter Beamter beeidete, er habe bei der feierlichen Leichenverbrennung die Gestalt des Kaisers zum Himmel auffahren sehen. Es folgte der Beschluss des Senats zur Einrichtung von Kulten. In der Folgezeit ging dieser Beschluss der Verbrennung voraus. Im Scheiterhaufen verborgen war ein Vogelkäfig; ein Adler stieg auf und machte so die Vergottung des Verstorbenen augenfällig. Die Stelle der Verbrennung blieb als Gedenkstätte erhalten, der eigentliche Kult aber wurde an anderem Ort in einem regelrechten Tempel vollzogen. Bis zum Beginn des vierten Jahrhunderts n. Chr. blieb diese Praxis erhalten.

43. Was ist Polytheismus? Kurz gesagt, «Vielgötterei». Eingeführt in die Religionsgeschichte hat den Begriff der jüdische Denker Philon von Alexandria (erste Hälfte des ersten Jahrhunderts n. Chr.), ein frühkaiserzeitlicher Denker von Monotheismus, eines «Ein-Gott-Glaubens». «Polytheismus» bildet den notwendigen Gegenbegriff. Es ist ein polemischer Begriff, ein Abgrenzungsbegriff: Der Vorwurf des Polytheismus schafft einen klar konturierten Gegner. Die Religionswissenschaft hat sich diesen Begriff zu eigen gemacht. In wissenschaftlicher Beschreibungssprache bezeichnet «Polytheismus» heute religiöse Kulturen, die die Existenz mehrerer übermenschlicher Wesen annehmen und sie in einer Klasse «Götter» zusammenfassen.

Die Charakteristika werden aber erst deutlich, wenn man weitergehende Überlegungen anstellt. Der Tübinger Religionswissenschaftler Burkhard Gladigow hat das in seiner Analyse von Strukturproblemen polytheistischer Religionen getan. Polytheismus zeichnet sich als Form von Religion nicht einfach durch eine Mehrzahl von Göttern aus. Mehr noch als ihre Zahl ist entscheidend, dass sie personenartig und als handelnd vorgestellt werden. Eine polytheistische Religion rechnet dabei nicht nur mit einem Handeln der Götter, das die Welt und die Menschen betrifft, sondern auch mit Handlungen, die sich auf andere Götter beziehen – viele Mythen bleiben ja ganz in dieser Ebene göttlichen Lebens und Handelns.

Solche Götter sind nicht nur höhere Wesen, die in Kulten verehrt werden. Sie sind vielmehr selbst Subjekte, sind Faktoren im Lauf der Welt. Ihre Einwirkung auf die menschliche Lebenswelt, ihre Erfahrbarkeit darin lässt sich in polytheistischen Religionen nicht auf ein einziges übergreifendes, letztes Prinzip reduzieren: Für die menschliche Erfahrung von Zufälligem, Furchtbarem, scheinbar Sinnlosem steht somit ein Erklärungsmodell zur Verfügung, in dem nicht völlig durchschaubare, nicht völlig festgelegte, unter Umständen sogar im Konflikt miteinander stehende göttliche Personen wirken. Gerade das macht Mythen wichtig: Solche Konflikte, derart Unberechenbares lässt sich eher beispielhaft erzählen als philosophisch systematisieren.

Dieser Polytheismus ist die Normalform antiker Religionen in Europa. Stadt für Stadt findet sich ein Kern von «großen» Göttern, um den herum noch einmal wenige oder Hunderte weiterer Göttinnen und Götter verehrt werden, sicher Zehntausende im ganzen Mittelmeerraum, wenn man den Bemühungen antiker Denker um Identifizierungen nicht vorschnell folgen will. Das auf der Hand liegende Unterscheidungskriterium bilden für den griechisch-römischen Raum «Herrschaftsbereiche». In Rom steht für Regierungskrisen Iuppiter Optimus Maximus («der Beste und Größte») zur Verfügung, für manche Frauenprobleme Venus, Mars für den Krieg und Dea Tertiana für das Dreitagefieber. Ein halbes Dutzend verschiedener Junones ist allein in Rom mit eigenen Tempeln vertreten, Juno Lucina, Juno Lanuvina (Sospita), Juno Curritis, Juno Populona, Juno Regina mit insgesamt drei Tempeln, schließlich Juno Moneta, unterhalb derer die römischen Münzen geschlagen wurden – die weitere Wortgeschichte dieses letzten Götternamens ist bekannt.

44. Wer ist für Frühgeburten zuständig? In einer polytheistischen Religion ist der Erfolg der Verehrung der Götter auch von der Kenntnis ihrer besonderen Kompetenzbereiche abhängig. Am Ende der römischen Republik schrieb Varro ein Handbuch über die «gottesdienstlichen Altertümer», in dem er seinen Lesern entsprechende Informationen gerade auch dort, wo das Wissen fast verlorengegangen war, zur Verfügung stellen wollte. An wenigen anderen Stellen können wir antike Versuche, die eigene Religion zu systematisieren, so gut erkennen.

Für den Prozess von der Zeugung bis zur Versorgung des Neugeborenen werden folgende Gottheiten namhaft gemacht: *Ianus* öffnet den Zugang für den Samen, *deus Consevius* steht der Besamung vor, *Saturnus* ist für den Samen selbst zuständig, *Liber* befreit den Mann beim Koitus vom Samen, *Libera* die Frau, die nach Varro ebenfalls Samen zum Zeugungsakt beiträgt. *Fluvionia* ernährt das Kind in der Gebärmutter; die nach Ausweis der Reihenfolge bei Augustinus sich anschließende *Dea Mena*, die der Menstruation «vorsteht», führt den monatlichen Blutfluss dem Wachstum des Fötus zu; für das Wachstum in der Gebärmutter ist *Alemona* zuständig; *Vitumnus* stärkt die Lebens-, *Sentinus* die Sinneskraft des Fötus. Die drei Schicksalsgöttinnen *Parca, Nona* und *Decima* sorgen für die Geburt zur rechten Zeit, nämlich im neunten oder zehnten Monat. Als *Diespater* führt Jupiter die Leibesfrucht zum Tag, *Lucina* bringt sie ans Licht – die etymologischen Bezeichnungen, der Gleichklang von Sache und Gottheit werden selbst in der Übersetzung deutlich.

Neben dem *Lucina*- und *Diana*-Kult während der Geburt wird in der folgenden Woche für *Juno* ein Tisch (mit Gaben) aufgestellt; am Ende der Woche werden die *Fata scribunda,* vielleicht die Namen und Ähnliches aufschreibenden Schicksalsgötter, angerufen. In Varros leider nur in späteren Zitaten erhaltenem Text ging es nach diesem Exkurs wohl zur Geburtssituation zurück. Für die unter Kerzenschein zum ersten Mal Gebärenden ist *Candelifera* wichtig. Um die Kopf- oder Steißlage des Kindes kümmern sich zwei *Carmentes* geheißene Gottheiten, nämlich *Postverta* und *Prorsa,* die den Neugeborenen zugleich das Schicksal künden. *Fortuna* schließt sich in unbekannter Funktion an. *Opis* beschenkt das auf die Erde gelegte Neugeborene. Beim *deus Vaticanus* liegen die ersten Laute des Neugeborenen, die «Vaaaaas». Für das Sprechen sind auch *Aius, Farinus* und *Lacutius* sowie *Fabulinus* (beim ersten Sprechen) zuständig. Die *dea Levana* unterstützt den Vater, der das Kind von der Erde aufhebt und damit anerkennt; die Rolle einer Göttin *Albana* ist unklar. Drei Gottheiten schützen die Mutter im Folgenden: *Intercidona, Pilumnus* und *Deverra* – sprechende Namen in Bezug auf symbolische Aktivitäten von drei Männern, die böse Geister durch Draufschlagen und Fegen abwehren. *Cunina* schützt die Wiege; *diva Rumina* bringt die Brust nahe; für Trank und Speise sorgen *diva Potina* und *diva Educa.* Gottheiten, die sich um das Stehen der Kinder, Weg- und Heimgang, ihre geistige Gesundheit und dergleichen kümmern, setzen die Liste fort, *Numeria* etwa bringt das Zählen bei. Entsprechend reicht auch die Zuständigkeit verschiedenster Vertreterinnen und Vertreter der Hochzeitsgötter von der Mitgift bis zu Details des Geschlechtsaktes, von der Position bis zur Defloration. Peinlich berührt verweigert Augustinus, der die Zitate in seinem «Gottesstaat» überliefert, weitere Sacherklärungen.

45. Wie sprechen Götter zu den Menschen? Das Wort «Divination» bezeichnet in antiken Religionen Praktiken und Vorstellungen, die sehr unterschiedlichen Handlungsbereichen angehören; in Griechenland wird im selben Sinne der Ausdruck «Mantik» benutzt. Es geht um die Erkundung des göttlichen Willens beziehungsweise des vorherbestimmten Schicksals. Divination umfasst Formen rituellen und religiösen Handelns, die durch die Kommunikation mit den Göttern diese in intensiver Weise in menschlicher Kommunikation, in politischen Entscheidungen oder in individueller Orientierungssuche zur Geltung bringen möchte.

Der römische Philosoph Cicero griff in einem erhaltenen Werk «Über die Divination» ältere griechische Überlegungen zur Divination auf und unterschied bei den Formen des «Vorherempfindens und fundierten Wissens des Zukünftigen» zwei Typen. Zum einen eine Form, die ohne technische Hilfsmittel auskommt und daher als «natürlich» bezeichnet wird. Das sind Träume, Orakel und andere Formen von Inspiration. Zum anderen gibt es eine «künstliche» Form. Sie deutet Vorzeichen, «Medien», in denen die Götter ihren Willen kundtun. Das verlangt eine entsprechende Medienkunde, eine Technik der Interpretation. Voraussetzung ist immer die Annahme, dass die Götter nicht nur existieren, sondern sich auch um die Menschen kümmern - eine Position, die nicht von allen antiken philosophischen Schulen geteilt wurde. Die Epikureer lehnen gerade den letzten Punkt programmatisch ab.

Wie sah solche Divination, beispielsweise in Rom, aus? In der römischen Republik traten vor allem zwei Formen der Divination hervor. Da ist zum einen die Einholung der Auspizien, typischerweise Vogelzeichen, im Zusammenhang mit wichtigen Aktivitäten von Magistraten. Für diese Form hatte sich das Kollegium der Auguren als Spezialisten herausgebildet, die beratend oder beurteilend tätig wurden. Während die Auspizien im Wesentlichen auf der Beobachtung durch die politischen Akteure oder - im privaten Bereich - die persönlich Betroffenen selbst beruhten, konnten Prodigien von jedermann beobachtet und gemeldet werden. Es handelte sich um Ereignisse, die durch ihre Ungewöhnlichkeit zum Vorzeichen wurden oder in einem langen Prozess zu «typischen» Vorzeichen geworden waren (Blitze zum Beispiel). Es blieb dennoch eine Entscheidung der Beamten, denen die Vorzeichen gemeldet wurden, ob sie das Zeichen ernst nahmen und unterschiedliche Priesterschaften mit seiner Auswertung beauftragten.

Wichtig waren auch Orakel. Es gab bedeutende Orakelstätten in der Umgebung Roms, etwa in Praeneste, dem heutigen Palestrina. Orakel waren aber auch in Tausenden von schriftlich verbreiteten Orakeln und Orakelbüchern präsent, die für individuelle wie öffentlich-politische Zwecke aufgesucht oder genutzt werden konnten. Über prophetenartige Gestalten, *Vates* genannt, ist im republikanischen Rom auffällig wenig überliefert: Vermutlich handelte es sich um Personen, die nicht selbst aus der Oberschicht stammten und in ihrer Kritik an Letzterer keine Wertschätzung gefunden hatten. Die wenigen Zeugnisse legen nahe, dass vor allem moralische Ermahnung als typisch für die Prophetenrolle gesehen wurde. Schließlich wurde auch Tagewählerei in öffentlichen wie privaten Entscheidungen über Reisen, Hochzeiten und den Beginn militärischer Aktivitäten betrieben.

46. Kybele oder Wer ist die Mutter aller Götter? So wie viele Götter den Ehrentitel «Vater» trugen und als Ahnherren großer Götterfamilien oder menschlicher Nachkommen gesehen wurden, existierten auch viele Göttinnen, die als Mutter bezeichnet wurden. Besondere Bedeutung als «große Mutter» gewann im griechisch-römischen Raum die Gottheit Kybele. Sie stammte aus dem kleinasiatischen Ort Pessinunt, wurde aber in Rom auch als «Mutter der Götter, der großen vom Berge Ida» (der in der trojanischen Mythologie eine wichtige Rolle spielte) verstanden. Die Alten kannten sie vor allem in der Gestalt, die ihr Kultbild in ihrem Athener Heiligtum hatte: ein Tamburin in der Hand sitzt die Göttin auf einem Thron, der von zwei Löwen flankiert wird.

Der verbreitete Kult wurde in der Spätantike für Intellektuelle zu einem wichtigen Gegenstand ihrer Spekulationen darüber, was die Welt zusammenhielt. Kaiser Julian behandelte sie so, ebenso der neuplatonische Philosoph Sallustius, von dem uns eine Kurzfassung des Mythos und seiner Interpretation erhalten ist.

Die Göttermutter soll bei dem Flusse Gallos, der durch Pessinunt

Abb. 6: Kybele fährt im Löwenwagen. Römischer Silberschild der Kaiserzeit; Mailand, Archäologisches Museum

fließt, den Attis liegen gesehen haben und in Liebe zu ihm entbrannt sein. Sie setzte ihm die sterngeschmückte Mütze auf und behielt ihn fortan bei sich. Er aber verliebte sich in eine Nymphe, verließ die Göttermutter und vermählte sich mit der Nymphe. Deshalb ließ die Göttermutter Attis in Wahnsinn verfallen, so dass er sich die Genitalien abschnitt. Er ließ sie bei der Nymphe und stieg wieder zur Göttermutter hinauf, um bei ihr zu wohnen.

Die Göttermutter ist die Leben zeugende Gottheit, deshalb heißt sie Mutter. Attis ist der Schöpfer des Werdens und Vergehens, deshalb soll er bei dem Flusse Gallos gefunden worden sein; denn Gallos deutet auf die Galaxis (Milchstraße), von der her die Sphären der veränderlichen Welt ihren Anfang nehmen. Da nun die Götter der ersten, innersten Klasse diejenigen der zweiten Klasse zur Vollendung bringen, liebt die Göttermutter (als Angehörige der ersten Götter) Attis (aus der Gruppe der zweiten, schwächeren Götter) und verleiht ihm himmlische Kräfte; genau das bedeutet der Sternenhut. Attis seinerseits liebt die Nymphe. Die Nymphen, die Quellgottheiten, sind für das Entstehen verantwortlich; denn alles Entstehende fließt. Da aber dem Entstehen von immer Schwächerem Einhalt geboten werden musste und nicht noch Schlechteres als das Letzte entstehen durfte, ließ der Schöpfer, der es schuf (also Attis), seine Zeugungskraft in der Schöpfung und vereinigte sich wieder mit den Göttern.

Der Philosoph schließt dann gleich eine Mythentheorie und eine Deutung der Rituale des Attis- und Kybele-Kultes an, die als Mysterien verstanden wurden: Das ist nicht zu irgendeiner Zeit geschehen, sondern ist fortwährend Gegenwart: Der Intellekt schaut alles auf einmal, die Erzählung berichtet das eine zuerst, das andere danach. Da sich dieser Mythos so eng auf den Kosmos bezieht, feiern wir in Nachahmung des Kosmos deswegen ein Fest. Zuerst, da auch wir aus dem Himmel fielen und mit der Nymphe (dem irdischen Werden) vermählt sind, sind wir betrübt und enthalten uns des Brotes und anderer reichlicher und befleckender Nahrung; denn beides ist der Seele zuwider. Dann kommt das Fällen des Baumes und Fasten, als ob auch wir den weiteren Fortgang der Schöpfung abschneiden wollen. Dann trinken wir Milch wie Neugeborene. Dann folgen frohe Feste (nämlich die «Hilaria» als dritter Festtag) und Kränze, gewissermaßen der Wiederaufstieg zu den Göttern. Diese Auffassung bestätigt auch die Zeit des Festes. Denn es wird zur Frühjahrs-Tagundnachtgleiche gefeiert, wenn das Gewordene aufhört zu werden und der Tag länger wird als die Nacht. Das ist dem Aufstieg der Seelen förderlich. Auf die entgegengesetzte Tagundnachtgleiche verlegt der Mythos den Raub der Kore, der den Abstieg der Seelen bedeutet (Übersetzung nach Kurt Latte) – hier sind wir bei den Mysterien von Eleusis.

47. Isis oder Welche Gottheit ersetzt alle anderen? Nach dem Zeugnis der Verehrerinnen und Verehrer dieser Gottheit lässt sich diese Frage eindeutig beantworten. Es ist Isis, die all die vielen Bereichsgötter überflüssig macht und ihre Funktionen wahrnimmt. Von Ägypten aus, wo sie zunächst in Kuhgestalt, dann als stillende Muttergottheit dargestellt wurde, hatte sich ihr Kult schon in hellenistischer Zeit über den ganzen Mittelmeerraum verbreitet; er verbindet dann Elemente ägyptischer Exotik mit ordentlichen griechischen Formen. In Rom etabliert sich ihr Kult im Zentrum der Stadt, auf dem Kapitol, im ersten Jahrhundert v. und n. Chr. Es sind aber die fast nur in Ägypten erhaltenen Papyri, die uns das Wissen über ihre vielfältigen Funktionen und Namen überliefern. Im frühen zweiten

Jahrhundert n. Chr. trägt sie hier in ein und demselben Text Dutzende, deren wichtigste hier genannt seien:

Isis wird angerufen als die Eine, Bubastis, Flottenlenkende, Vielgestaltige, Aphrodite, Wohltätige, Huldvolle, Liebende, Unsterbliche, Geberin, Herrscherin, In-den-Hafen-Führende, Schöngestaltige, Heilige, Vaterlose, Freude, Retterin, Allmächtige, Allergrößte, Allsehende, Freundschaft, Gute, Mächtigste, Vielnamige, Herrin, Unterstützerin, Fülle, Beste, Schönste, Atargatis, Kriegerische, Maia, Mond, Lateinische, Kore, Göttin, Kuhgesichtige, Unbefleckte, Liebe der Götter, Mystische, Göttliche, Name der Sonne, Hekate, Unnahbare, Astarte, Verstehen, Erste Regentin der Welt, Beschützerin und Führerin der Meere, Herrin der Mündungen und Flüsse, Schreib- und Rechenkundige, Zurückbringerin des Nils, Führerin der Musen, Elegante Göttin auf dem Olymp, Zierde des weiblichen Geschlechts, Wohlstand der sorgfältigen Tagewähler, Liebling der Götter, All-Herrscherin in der Prozession der Götter, Feindschaft Hassende, Wahrer Juwel des Windes, Diadem des Lebens, Größte der Götter, Erste der Namen, Beherrscherin der Lüfte und des Unermesslichen und so weiter.

Es ist deutlich, dass diese Namensfülle im Rahmen einer polytheistischen Religion verwendet wird. Die Existenz anderer Götter wird nicht grundsätzlich in Frage gestellt; im Gegenteil, gerade ihre herausgehobene Stellung unter anderen Göttern kennzeichnet ihre Größe. Die Reichweite dieser theologischen Aussage ist also begrenzt. Lob und die Praxis, auch kultische Titel anderer Gottheiten auf die gerade angebetete Göttin zu übertragen, ist als Strategie, Dank und Bitte an Götter zu richten, nicht ungewöhnlich. Und doch lässt sich eine Entwicklung beobachten. Die Vorstellung einer einzigen oder doch letzten Gottheit, die in der Philosophie seit ihren Anfängen geläufig ist, dringt in hellenistischer Zeit und in der Kaiserzeit erst allmählich in den Kult ein. Auch der einzelne Gott steht für die Qualitäten des Göttlichen insgesamt. Man hat das als «paganen Monotheismus» bezeichnet oder als «Henotheismus», Verehrung einer einzigen Gottheit innerhalb einer polytheistischen Religion. Aber das trifft nicht das Wichtigste. Der für die Antike typische religiöse Pluralismus erlaubt es nicht nur, sich in einzelnen Situationen ganz auf eine Gottheit zu konzentrieren, sondern auch unter einem einzelnen religiösen Zeichen, dem Namen und Bild einer Gottheit, das Göttliche insgesamt zu bedenken und anzurufen.

48. Sind Jupiter und Zeus identisch? Griechen sprachen Griechisch, Römer Latein, andere Völker (wie etwa die Germanen) ihre barbarischen Sprachen. Das machte in der Verständigung Übersetzung notwendig. Aber nicht alles wird übersetzt. Personennamen bleiben üblicherweise unübersetzt, Deutsche reden einen Engländer namens Miller üblicherweise als «Herr Miller», nicht als «Herr Müller» an. Die Antike folgte derselben Praxis. Wie aber ging man mit Göttern um? Die antike Ethnographie hielt die Übersetzung von Götternamen für sinnvoll. Um griechischen Lesern eine Vorstellung davon zu geben, was es heißt, dass die Ägypter «Re» verehren, wurde dieser Name als «Helios», also Sonnengott, erläutert. Um römischen Lesern eine Vorstellung davon zu geben, was es bedeutete, dass die Germanen Thyr oder Thor verehrten, war «Mars», der Kriegsgott, eine hilfreiche Übersetzung, eine, lateinisch gesprochen, *interpretatio Romana*.

In dem engen Kulturkontakt zwischen Griechen und Italikern seit dem frühen ersten Jahrtausend v. Chr. waren viele Gottesvorstellungen und Kulte Teil des kulturellen Austausches. Direkt oder über das Etruskische wurde so der griechische Apollon zum lateinischen Apollo, Persephone zu Proserpina. Damit bezog man sich auf dieselben Götter, auf gleiche Bilder und Erzählungen.

Derselbe intensive Kulturkontakt ermöglichte auch das Entdecken von Ähnlichkeiten in der Vorstellung von Göttern, die unterschiedliche Namen tragen. Merkur und Hermes sind im lateinischen beziehungsweise im griechischen Raum Gottheiten, die für erfolgreichen Handel und Gewinn sorgen, also kann man den einen Namen als Übersetzung für den anderen verwenden: Auch die Griechen waren zunehmend neugierig, was ihre römischen Nachbarn (später Beherrscher) in Sachen Religion trieben. Venus und Aphrodite, Juno und Hera bilden solche Übersetzungspaare.

Das bleibt nicht ohne Folgen. Die Gleichsetzung ermöglicht den Import von Bildtypen wie Mythen; hier waren in der Regel die Griechen die gebende Kultur, nicht zuletzt in der Massenproduktion von Keramik oder im Export von bildenden Künstlern, die in Rom die ersten Götterstatuen geformt haben sollen. Eine religiöse oder theologische Autorität, die diese Übernahmen, Angleichungen, Veränderungen kontrollierte, gab es nicht. Wie jeder seine eigene Mythenversion erzählen konnte, so blieb auch im Bildlichen Platz für eigene Gestaltungen, blieb es Lieddichtern, reichen Stiftern oder den Gestaltern von Münzbildern überlassen, manche Vorstellung zu besonderer Popularität zu bringen. Das Ergebnis waren oft Vorstellungen, die man heute als «hybrid» bezeichnet, Vorstellungen, die Elemente aus beiden Kulturen miteinander verbanden, ohne sie völlig identisch werden zu lassen. «Juno» war so einerseits eine bloße Übersetzung des griechischen Gottesnamens «Hera», etwa in einem für das römische Publikum adaptierten griechischen Drama oder Epos. «Juno» war aber auch die Adressatin kultischer Verehrung in Rom und Italien, die Frauengöttin, aber eher herrschaftsvolle italische Stadtgöttin als eifersüchtige Gattin des griechischen Zeus. Identisch waren Zeus und Jupiter nicht. Wo immer möglich, wird daher auch in diesem Buch von Zeus bei der Vorstellung griechischer Mythen, von Jupiter bei römischen gesprochen.

Einmal Olymp und zurück

49. Kronos oder Wer sind die ältesten Götter und Göttinnen? Eine Frage, die nicht leicht zu beantworten ist. Es war Hesiod, der in seiner «Theogonie» (Götterentstehungslehre) versuchte, für Ordnung zu sorgen. Er stellte einen «Stammbaum» für die zahllosen bei den Griechen existierenden Götter und Göttinnen her – und erfand sicher den einen oder anderen Gott oder die ein oder andere Göttin aus systematischen Gründen gleich hinzu. Die Familienverhältnisse sind nämlich überaus kompliziert und für den Unkundigen nur schwer durchschaubar: Die Götter und Göttinnen sind untereinander verwandt, verschwistert und verschwägert, zugleich aber auch miteinander verheiratet oder durch eine Liebesbeziehung liiert. Schon damals also eine riesige «Patchworkfamilie». Außerdem gehörte Inzest bei ihnen zur Tagesordnung.

Am Anfang der Entstehung der Welt steht in der Vorstellung der Griechen das Chaos, der gähnende, leere, unermessliche Weltraum. Unter den ersten Göttern, die aus dem Chaos hervorgegangen sind, befindet sich Gaia, die Göttin der Erde. Aus eigener Kraft brachte sie neben vielen anderen Kindern ihren Sohn Uranos (Himmel) hervor. Aus Inzest mit Uranos ging dann eine ganze Reihe sehr starker und riesiger Kinder hervor: die Titanen und Titaninnen, darunter Kronos und Rhea. Ferner die drei hinterlistigen Kyklopen Brontes, Steropes und Arges. Sie heißen Kyklopen («Kreisaugen»), weil sie nur ein Auge besaßen, das mitten auf der Stirn saß. Schließlich die Riesen Kottos, Briareos und Gyges. Jeder von ihnen besaß hundert Arme und fünfzig Köpfe.

Vater Uranos war dieser gesamte monströse Nachwuchs ein Gräuel, sobald dieser auch nur das Licht der Welt erblickt hatte. Denn er fürchtete um seine Alleinherrschaft. Um den lästigen Nachwuchs möglichst schnell wieder loszuwerden, griff er zu folgendem Trick: Nach der Geburt schob er ihn sofort wieder in den Mutterleib zurück und hielt ihn im Schoß der Gaia, das heißt im Inneren der Erde, gefangen. Gaia krümmte sich vor Schmerzen. Sie dachte sich ihrerseits aus Wut über ihren Gatten eine List aus, um sich zu rächen. Sie schuf eine Sichel aus Stahl und forderte alle ihre Kinder auf, ihren eigenen Vater zu entmannen, wenn er das nächste Mal Beischlaf mit ihr halte. Furcht ergriff die Kinder. Keines wagte sich gegen den mächtigen

Abb. 7: Gaia überreicht Kronos einen Stein an Stelle des neugeborenen Zeus. Römisches Marmorrelief einer Statuenbasis des frühen 2. Jhs. n. Chr.; Rom, Kapitolinische Museen

Vater aufzulehnen, um der Mutter zu helfen, außer Kronos. Er gehorchte seiner Mutter und mähte beim nächsten Beischlaf kurzerhand die Geschlechtsteile seines Vaters ab und warf sie hinter sich. Dabei bedachte er allerdings nicht, dass sie bluteten. Und so gebar Gaia aus den Blutstropfen weitere Kinder. Uranos' Glied aber stürzte ins Meer und trieb dort eine Weile ziellos umher. Plötzlich bildete sich weißer Schaum aus dem unsterblichen Fleisch des Gliedes. Daraus entstieg ein Mädchen, das in Zypern an Land ging. Es war die Liebesgöttin Aphrodite, die «Schaumgeborene».

Inzwischen hatte der riesige Kronos seine Schwester Rhea geheiratet und mit ihr sechs Kinder gezeugt: Hestia, Demeter, Hera, Hades, Poseidon und Zeus. Aus Angst vor der Prophezeiung seiner Eltern, dass einer seiner Söhne einst mächtiger als er sein würde und die Herrschaft über die unsterblichen Götter erlangen würde, fackelte er nicht lange und verschlang den kompletten Nachwuchs jeweils unmittelbar nach der Geburt. Nur Zeus, das letzte Kind, konnte durch das Eingreifen von Gaia und Uranos gerettet werden. Sie entrückten Mutter und Kind nach Kreta, wo Zeus versteckt in einer Höhle aufwuchs. Statt Zeus drückte Rhea Kronos unbemerkt einen in Windeln gewickelten Stein in die Hände, den dieser sogleich verschlang. Als Zeus erwachsen war, rächte er sich an seinem Vater. Mit List und Gewalt zwang er ihn, alles Verschlungene wieder von sich zu geben: Zuerst erbrach Kronos den Stein, den er zuletzt verschluckt hatte, dann alle seine Kinder. Außerdem befreite Zeus seine Onkel – die Titanen, Kyklopen und hundertarmigen Riesen – aus ihrem unterirdischen Gefängnis. Aus Dankbarkeit schenkten sie ihrem Neffen Donner, Blitz und Wetterstrahl, die Gaia in ihrem Inneren verborgen hatte. Gestützt auf diese Instrumente der Macht wurde Zeus zum Herrscher über die Menschen und unsterblichen Götter.

50. Athene oder Was ist eine Kopfgeburt? Athene ist eine der zwölf großen olympischen Gottheiten und Herrin des Krieges, der Weisheit, der Künste und Schutzgöttin vieler griechischer Städte. Ihr größtes Heiligtum war der Parthenon-Tempel in Athen. In Kunst und Literatur wird sie in voller Rüstung (mit Helm, Rundschild und Speer) dargestellt. Die Eule auf ihrer Schulter symbolisiert ihre Weisheit. Ungewöhnlich war, wie sie das Licht der Welt erblickte. Ihr Vater Zeus hatte vor Hera schon mehrere Ehen hinter sich. In erster Ehe war er mit Metis, der Göttin der Klugheit, verheiratet. Sie besaß von den Göttern und Menschen die meiste Weisheit. Als sie nun von ihm mit Athene schwanger war, geriet Zeus in Panik, dass sie ihm ein Kind gebären könnte, das womöglich schlauer als er sein und ihm eines Tages die Herrschaft streitig machen könnte. So machte er kurzen Prozess und verschlang seine erste Ehefrau. Auf diese Weise ging ihre Weisheit auf ihn über und verhinderte, dass er gestürzt werden konnte. Dass das Kind zur Welt kam, konnte er freilich nicht verhindern. Als neun Monate vorüber waren, gebar er aus seinem Kopf, dort

Abb. 8: Athene wird aus dem Kopf ihres Vaters Zeus im Kreise der Götter geboren. Dreibeiniges Kosmetikgefäß aus Theben, um 560 v. Chr.

wo die Weisheit ihren Sitz hat, seine Tochter Athene. Zum Zeitpunkt der Geburt war sie bereits erwachsen und in voller Rüstung zum Kampf bereit – also eine perfekte «Kopfgeburt».

51. Zeus und Europa oder Ist Europa auf Raub gegründet? Ja. Schuld daran ist Zeus. Der alte Schwerenöter nahm es mit der ehelichen Treue nicht so ernst und dachte sich allerhand Tricks aus, um seine Frau Hera erfolgreich betrügen und sich seinen auserwählten Liebschaften erfolgreich und unerkannt nähern zu können. Eines Tages hatte er sich in Europa, die Tochter des Phönizierkönigs Agenor, verliebt. Doch wie sollte er an dieses Mädchen, das am Strand mit ihren Freundinnen spielte, herankommen, um seine Lust zu befriedigen? Da hatte er eine zündende Idee: Er beauftragte seinen Sohn Merkur (zugleich Götterkurier und Bote zwischen Himmel und Erde, denn damals gab es die modernen Kommunikationsmittel ja noch nicht) damit, eine weiße Rinderherde an diesen Strand zu treiben. Und schreckte vor Liebesverlangen tatsächlich nicht davor zurück, seine ganzen Herrschaftszeichen abzulegen und die Gestalt eines weißen Stieres anzunehmen, freilich eines, der seiner Person würdig war. Innerlich strotzend vor Kraft und Potenz stolzierte er als Prachtexemplar von Stier in der Kuhherde umher und muhte. Äußerlich aber legte er eine friedliche Pose an den Tag, um die Königstochter nicht zu erschrecken. Seine Rechnung ging auf, sein Imponiergehabe machte sich bezahlt: Er zog Europas bewundernde Blicke auf sich. Zunächst zurückhaltend und erstaunt über dieses ungemein friedliche Exemplar von Stier näherte sich das Mädchen ihm dann doch und hielt ihm Blumen an sein Maul. Ihr Zutrauen wurde schließlich so groß, dass sie seine Brust streichelte und seine Hörner mit Blumengirlanden schmückte. Als sie es dann auch noch wagte, sich auf den Rücken des Stieres zu setzen, war die Stunde des Zeus gekommen. Schritt für Schritt entfernte er sich allmählich mit dem Mädchen auf dem Rücken vom Strand in das Wasser. Dann zeigte er sein wahres Gesicht als Räuber und trug seine Beute über das Meer zu der Insel Kreta. Dort zeugte der mächtige Gott mit der Tochter des mächtigen phönizischen Königs drei mächtige Söhne, Minos, Sarpedon und Rhadamanthys, und legte damit den Grundstein für das heutige Europa.

52. Apollo oder Warum tragen Sieger Lorbeerkränze? Weil es auch bei den Göttern eine «erste Liebe» gab. Apollos erste Liebe war die Nymphe Daphne, eine Tochter des Flussgottes Peneios. Es war aber nicht Liebe auf den ersten Blick, sondern ein «Arrangement» und Racheakt des Liebesgottes Amor. Wütend auf den arroganten Apollo, der sich als routinierter Pfeil- und Bogenschütze darüber lustig machte, wie Amor sich damit abmühte, einen Bogen zu spannen, verschoss er zwei Pfeile: einen, der Liebe entflammte, und einen, der Liebe vertrieb. Jener traf Apollo, dieser Daphne. Apollo war sofort unsterblich verliebt, als er die jungfräuliche, bildhübsche Daphne erblickte. Diese jedoch liebte die wilde, unberührte Natur und ihre Unabhängigkeit und wollte von Männern und Heiraten gar nichts wissen. Deshalb ergriff sie aus Angst vor Apollo die Flucht. Hartnäckig nahm Apollo ihre Verfolgung auf. Der Verfolger kam ihrem Körper schon bedrohlich nahe. Der drohenden Vergewaltigung konnte sich die Nymphe schließlich nur dadurch entziehen, dass sie ihren Vater Peneios in einem Gebet anflehte, durch Verwandlung ihre Schönheit zu beseitigen.

Sofort setzte die Verwandlung ein: Ihre Glieder erstarrten, um ihre

Abb. 9: Apollo stellt Daphne nach. Mosaik des 3. Jhs. n. Chr. aus Thysdrus (El Djem, Tunesien)

Brust legte sich eine zarte Rinde, das Haar wurde zu Laub, die Arme verwandelten sich in Äste, der Fuß blieb an zähen Wurzeln hängen, das Gesicht verschwand hinter Laub: Ihr ganzer Körper verwandelte sich in einen Lorbeerbaum. Ihr Wesen aber blieb unter der Verwandlung erhalten: Auch der Lorbeerbaum war wunderschön. Apollo spürte unter der Rinde des Baumes noch das ängstlich erregte Herz der Daphne pochen, umarmte die Äste und versuchte vergeblich das Holz zu küssen – immer wich es vor seinen Küssen zurück. Auf andere Weise erreichte er es nun, die Herrschaft über die Nymphe zu erlangen: Er bestimmte den Lorbeerbaum zu seinem «Markenzeichen» und legte fest, dass seine Haare, seine Leier und sein Köcher künftig mit Lorbeerblättern verziert sein sollen. Daher, so der römische Dichter Ovid in seinen «Verwandlungen», trägt jeder siegreiche Feldherr als Herrschaftssymbol auf seinem Triumphzug durch Rom Lorbeer; daher sind die Türen jedes römischen Bürgers, der sich um den Staat verdient gemacht hat, mit Lorbeer geschmückt: auch die des Kaisers Augustus. Apollo war zudem des Augustus Schutzgott.

53. Ceres und Proserpina oder Warum gibt es den Wechsel der Jahreszeiten? Für diese Geschichte spielt die Liebesgöttin Venus eine entscheidende Rolle. Sie hielt ihrem Sohn Cupido eine gewaltige Standpauke und übte scharfe Kritik an ihm, weil er es noch nicht geschafft habe, den Herrscher der Unterwelt, Pluto, in ihre Gewalt zu bringen und verliebt zu machen. Außerdem sah sie in der steigenden Zahl von jungen Frauen, die sich der Jungfräulichkeit verschrieben hatten – nach Pallas Athene und Diana nun auch noch Proserpina! –, eine ernst zu nehmende Bedrohung ihres Machtanspruchs. Gehorsam verschoss Cupido darauf seinen besten Pfeil – er traf Pluto mitten in das Herz und entflammte ihn in Liebe zu Proserpina. Als die Ahnungslose unweit von Henna, einer Stadt auf Sizilien, an einem idyllisch gelegenen See mit ihren Freundinnen spielte und Blumen pflückte, tauchte plötzlich wie aus dem Nichts Pluto mit seinem Pferdegespann auf und entführte sie gewaltsam in die Unterwelt. Vergeblich versuchte Cyane, eine Quellnymphe, die Entführung zu verhindern. Pluto kämpfte sich mit seinem Opfer brutal den Weg frei. Aus Trauer über ihre Hilflosigkeit zerfloss Cyane in Tränen und verwandelte sich in eine Quelle.

Auf der Suche nach ihrer verschwundenen Tochter irrte Ceres darauf verzweifelt auf der ganzen Welt umher. Um nachts die Suche nicht unterbrechen zu müssen, nahm sie zwei Fackeln aus Fichtenholz zu Hilfe, die sie mit beiden Händen an der Glut des Vulkans Ätna auf Sizilien entzündete. Nach langer Zeit vergeblichen Suchens kam sie wieder nach Sizilien. Cyane, die nach ihrer Verwandlung nicht mehr reden konnte, ließ den Gürtel der Proserpina auf ihrem Quellwasser treiben, um der Mutter zu verraten, wo die Tochter geraubt worden war. Die Rache an den Bewohnern Siziliens, den vermeintlichen Räubern der Tochter, war schrecklich: Ceres ließ die Bauern und Rinder sterben, verdarb den Samen und verursachte gewaltige Missernten.

Erst Arethusa, eine andere Quellnymphe, konnte ihrem Wüten Einhalt gebieten. Sie verriet, dass sie Proserpina in der Unterwelt gesehen habe. Diese sei nun die Frau des Pluto und regiere mit ihm zusammen im Totenreich. Starr vor Entsetzen bestieg Ceres ihren Wagen, fuhr zu Jupiter – ihr Bruder und zugleich Vater der Proserpina! –, stellte ihn zur Rede und verlangte mit energischen Worten die Tochter zurück. Gelassen antwortete der Göttervater, dies könne geschehen, wenn Proserpina in der Unterwelt gefastet und keine Speisen berührt hätte. Doch leider musste Ceres erfahren, dass die Tochter einen Granatapfel gepflückt und daraus ein paar Kerne gekostet hatte. Als Mediator zwischen seiner Schwester Ceres und seinem Bruder Pluto bestimmte Jupiter schließlich, dass Proserpina die eine Hälfte des Jahres bei ihrem Gatten im Totenreich, die andere Hälfte bei ihrer Mutter auf der Erde verbringen dürfe. Diesen Mythos verstanden viele als Anspielung auf den Rhythmus der Jahreszeiten Herbst/Winter–Frühling/Sommer und den Wechsel der Vegetation.

54. Ares und Aphrodite oder Was erregte das homerische Gelächter? Ares war der einzige legal von Zeus mit seiner Frau Hera gezeugte Sohn. Schon in der «Ilias» des Homer tritt er als gewalttätiger, grausamer Kriegsgott in Erscheinung, dementsprechend wird er auch in der Kunst oft in voller Montur eines antiken Kriegers dargestellt, mit bebuschtem Helm, Panzer, Schild und Beinschienen. Er hatte ein Verhältnis mit der Göttin Aphrodite, die sich wegen der unglücklichen Ehe mit ihrem hinkenden Gatten Hephaistos, dem Gott der Schmiede und des Feuers, nur allzu gerne in andere Männerarme begab. Der Sonnengott Helios hatte das Liebespaar bei seinem Treiben beobachtet und klärte den gehörnten Ehemann darüber auf. Tief verletzt stellte dieser darauf in seiner Schmiede ein kunstvolles Netz her, das er heimlich über das Ehebett spannte, und tat so, als würde er verreisen. Die vermeintliche Abwesenheit des Ehemannes ausnutzend animiert Ares Aphrodite zu erneutem Ehebruch. Kaum liegen sie gemeinsam im Bett, sind sie auch schon in das Netz verstrickt. Hephaistos erscheint und ruft die Götter als Zeugen herbei. Die Göttinnen bleiben aus Scham fern, die Götter jedoch sehen sich unter laut schallendem, nicht enden wollendem Gelächter das «in flagranti» ertappte Liebespaar an - oder lachen sie gar über den betrogenen Ehemann?

55. Hades oder Wie sieht die Unterwelt aus? In der «Aeneis» lässt der römische Dichter Vergil den Titelhelden Aeneas auch einen Gang in die Unterwelt und in das Totenreich antreten, damit er sich dort seine Zukunft prophezeien lasse. Um dorthin zu gelangen, muss sich Aeneas wie die Seelen der Toten zunächst von dem Fährmann Charon über den Fluss Acheron setzen lassen. Das Tor zur Unterwelt bewacht Zerberus, ein bestienartiger Hund mit drei Köpfen.

Aeneas kommt vorbei an den Gefilden der Trauernden, in denen die Seelen derjenigen verweilen müssen, die zu früh verstorben sind, wie zum Beispiel Kinder und Selbstmörder. König Minos fungiert hier als oberster Richter, wägt ihr Leben ab und entscheidet über ihr weiteres Schicksal. Von dort gelangt er in den Bereich, in dem sich die

Seelen der verstorbenen Helden aufhalten. Dann verzweigt sich der Weg: Ein Abzweig führt nach rechts, vorbei am Palast des Pluto, des Herrschers der Unterwelt, in das Elysium, eine Art Paradies. Dorthin dürfen die Seelen aller Menschen, die ein vorbildliches und tugendhaftes Leben geführt haben. Der andere Abzweig führt nach links zum mächtigen Turm des Tartarus, in dem die Frevler hinter einem scharf bewachten Tor unter Qualen für ihre Taten büßen müssen. Um dorthin zu gelangen, muss der tosende, flammende und Felsen mitreißende Fluss Phlegethon überquert werden.

56. Charon oder Wem muss man «seinen Obolus leisten»? Die Antwort lautet: Charon, dem Fährmann, der mit seinem Boot die Seelen der Toten über den Grenzfluss Acheron zur Unterwelt transportiert, freilich nur, wenn sie zuvor ein ordentliches Begräbnis erhalten haben und dem unbestechlichen Fährmann als Lohn für seinen Dienst «ihren Obolus geleistet haben»: Dazu müssen die Hinterbliebenen dem Toten die kleinste griechische Münze im Wert von wenigen Cent unter die Zunge legen. Das lateinische Wort *obolus* geht auf das griechische Wort *obolos* zurück. *Obolos* wiederum ist mit griechisch *obelos* verwandt, was «Spieß» bedeutet. Vermutlich waren diese Münzen ursprünglich nicht rund, sondern hatten die Form kleiner Metallspieße.

Waren diese Voraussetzungen nicht erfüllt, waren die toten Seelen dazu verdammt, hundert Jahre lang an den Ufern des Acheron und der Styx herumzuirren, bis auch sie endlich an das andere Ufer gebracht wurden und das Totenreich betreten durften.

In der «Aeneis» beschreibt der römische Schriftsteller Vergil sehr anschaulich, wie die Römer und Griechen sich Charon vorstellten: als hässlichen, vor Schmutz starrenden Greis mit grau werdendem wilden Bart und flammendem Blick, bekleidet mit einem schmutzigen Mantel. Das Boot bewegt er mit einer Stange und Segeln vorwärts.

57. Tantalos oder Welche Qualen lauern in der Unterwelt? Tantalos war ein Sohn des Zeus und der Titanin Pluto. Er war Vertrauter des Zeus und genoss das Privileg, beim Mahl der Götter dabei sein und ihren Gesprächen lauschen zu dürfen. Doch er missbrauchte das ihm entgegengebrachte Vertrauen gründlich und gab den Menschen die göttlichen Geheimnisse preis. Dafür wurde er in der Unterwelt schwer bestraft und erlitt die sprichwörtlich gewordenen Tantalusqualen: Durstig steht er bis zum Oberkörper im Wasser. Aber sooft er sich bückt, um zu trinken, weicht das Wasser zurück. Ferner hängen über seinem Kopf Obstbaumzweige mit prächtigen Früchten, aber immer, wenn er seinen Hunger stillen will und nach ihnen greift, weht ein Wind sie zurück. Schließlich bedroht ihn von oben ein mächtiger Fels, der jeden Augenblick auf ihn herabzustürzen droht.

An der Grenze von Mensch und Gott

58. Semele und Dionysos oder Warum können Blitze tödlich sein? Vor Blitzen sollte man sich in Acht nehmen, insbesondere dann, wenn Zeus dahintersteckt, wie das Schicksal von Semele, der Tochter des Thebanerkönigs Kadmos, beweist. Eine Affäre mit Jupiter, der in Menschengestalt zu ihr gekommen war, blieb nicht folgenlos. Sie war schwanger. Das war zu viel für die in dieser Hinsicht leidgeprüfte Juno, die Frau Jupiters. Der Nebenbuhlerin war gelungen, was sie kaum fertig brachte: schwanger zu werden. In der Absicht, ihr dies gründlich zu vermiesen, nahm sie die Gestalt der greisen Beroe, Semeles alter Amme, an, schürte ihr Misstrauen und animierte sie auf raffinierte Weise dazu, sich zu vergewissern, dass wirklich Jupiter ihr Liebhaber sei: Viele Männer nämlich würden sich unter dem Vorwand, ein Gott zu sein, an junge Frauen heranmachen. Jupiter solle daher einen handfesten Beweis für seine Liebe und seine Identität ablegen, indem er sich ihr noch einmal mit seiner ganzen Macht, Kraft und Herrlichkeit zeige, so wie er auch Juno immer gegenübertrete. Ohne konkret zu werden, bat Semele darauf Jupiter postwendend um die Erfüllung eines Wunsches. Seiner Geliebten ganz ergeben, schwur Jupiter ohne nachzudenken, jeglichen Wunsch zu erfüllen, und konnte, als Semele den Wunsch aussprach, nun keinen Rückzieher mehr machen: Gewittersturm und Blitz vernichteten Semele. Nur das mit Jupiter gemeinsame Kind konnte als «Frühchen» – vermutlich per Kaiserschnitt – noch gerettet werden: Man holte es aus dem Bauch der Mutter und nähte es in den Schenkel Jupiters ein, der es dort bis zur Geburt austrug – der Schenkel Jupiters als erster Brutkasten der Geschichte! Bei dem Kind handelte sich um Dionysos, den Gott des Weines, der Fruchtbarkeit und ausgelassener Feste, kurzum: den Gott für «Wein, Weib und Gesang».

59. Herakles oder Welche Taten vollbrachte der «Superman» und Muskelprotz der Antike? Herakles war der populärste und berühmteste Held der Griechen und stammte aus der Stadt Theben. Seine Eltern waren Zeus und Alkmene. Um diesen Nachkommen zeugen zu können, hatte Zeus Alkmene raffiniert hinters Licht geführt. Er näherte sich ihr nämlich eines Nachts in der Gestalt ihres abwesenden Ehemannes Amphitryon und verlängerte die Nacht um ein dreifaches, um Alkmene intensiv lieben zu können. Die nächste Nacht verbrachte der inzwischen zurückgekehrte Amphitryon mit Alkmene. So kamen (Halb-)Zwillinge zur Welt, die nicht unterschiedlicher hätten sein können: der starke Herakles und sein wesentlich schwächerer Bruder Iphikles.

Von Geburt an verfolgte Hera «das Ergebnis» des Seitensprunges ihres Mannes Zeus mit unversöhnlichem Hass. Um ihn aus dem Weg zu räumen, schickte sie ihm zwei Schlangen in die Wiege. Doch Herakles vollbrachte eine erste Heldentat, indem er sie kurzerhand erwürgte. Herakles erhielt eine hervorragende Ausbildung im Wagenlenken, Ringen, Bogenschießen, im Gebrauch der Waffen und in der Musik. Nachdem er seinen Musiklehrer, der es gewagt hatte, ihn zu tadeln, mit seiner Leier erschlagen hatte, musste er zur Strafe die Rinderherden des Amphitryon hüten. In dieser Zeit reifte er zu einem wunderschönen, riesigen und kräftigen jungen Mann heran. Seine göttliche Verwandtschaft perfektionierte sein Erscheinungsbild durch überaus nützliche Gaben: Hermes schenkte ihm ein Schwert, Apollon einen Bogen, Hephaistos eine goldene Rüstung und Athene einen Helm. Er selbst schnitzte sich dazu noch eine Keule.

Inzwischen durfte er wieder nach Theben zurückkehren und unterstützte König Kreon im Kampf gegen eine verfeindete Nachbarstadt. Aus Dank gab ihm Kreon seine Tochter Megara zur Frau. Aber der Hass von Hera verfolgte ihn noch immer. In einem Anfall von Wahnsinn tötete er seine eigenen Kinder und zwei Kinder seines Halbbruders Iphikles. Wieder zu Bewusstsein gelangt, bestrafte er sich selbst und begab sich freiwillig in die Verbannung, um sein Verbrechen zu sühnen. Er befragte Pythia, die Priesterin im Orakel zu Delphi, wohin er nun gehen solle. Sie sagte ihm, er solle sich zu König Eurystheus in Tiryns aufmachen und sich in dessen Dienste begeben. Wenn er alle Arbeiten, mit denen ihn sein neuer Dienstherr beauftragen werde, ausgeführt hätte, würde er die Unsterblichkeit erlangen. Eurystheus freilich war von der imposanten Gestalt des Helden so eingeschüchtert, dass er sich in einem Fass versteckte und seine Aufträge durch einen Boten erteilen ließ.

Zahl und Inhalt der Arbeiten für Eurystheus sind in den antiken Quellen unterschiedlich überliefert. Sie lassen den Helden Ungeheuer töten, die eine Bedrohung für die Menschen darstellen, und ihn die unterschiedlichsten Prüfungen seiner Stärke und Intelligenz bestehen. Dafür führen sie ihn von Orten in Griechenland in die entlegensten Teile der Welt bis hinab in die Unterwelt. Die Metopen des Zeustempels in Olympia – bei ihnen handelt es sich um eine der bekanntesten von zahlreichen bildlichen Darstellungen der Heraklestaten aus der Antike – zeigen dem Betrachter zwölf davon:

1. Die Tötung des Löwen von Nemea. Der Löwe war eine ständige Gefahr für die Bewohner der Stadt Nemea und konnte mit Waffengewalt nicht bezwungen werden. Herakles erwürgte ihn und zog sich sein Fell über. Dieses Fell und die oben erwähnte Keule sind dann auch die typischen Attribute, mit denen Herakles in der antiken und modernen Kunst zur Identifikation ausgestattet ist.

2. Die Hydra von Lerna war ein schlangenartiges Ungeheuer, aus dessen Körper neun feuerspeiende Köpfe wuchsen. Es war sinnlos, diese nur abzuschlagen, denn an Stelle des alten Kopfes wuchsen sofort neue nach. Nur der neunte war unsterblich. Daher brannte Herakles' Gefährte Iolaos die Wunden der Köpfe, die Herakles abgeschlagen hatte, sofort mit einem lodernden Holzscheit aus. Den neunten unsterblichen Kopf begrub Herakles, nachdem er ihn abgeschlagen hatte, sofort unter einem schweren Felsblock. Dann schlitzte er den Körper des toten Ungeheuers auf und benetzte seine Pfeilspitzen mit dem giftigen Gallensaft.

3. Die Stymphalischen Vögel, die an einem See in einem dichten Wald nahe der Stadt Stymphalos hausten. Sie setzten ihre Federn als Geschosse gegen die Menschen ein. Herakles scheuchte sie mit einer Klapper aus Erz auf, die ihm Athene zur Verfügung gestellt hatte, und erschoss sie dann mit seinen Pfeilen.

4. Den Kretischen Stier, mit dem die kretische Königin Pasiphae den Minotauros gezeugt hatte, brachte er lebend von der Insel Kreta zu König Eurystheus.

5. Ebenfalls lebend brachte er die Hirschkuh vom Berg Keryneia nach Tiryns. Diese hatte ein goldenes Geweih und war der Artemis heilig. Daher durfte Herakles sie nicht erlegen oder verwunden, sondern verfolgte sie ein Jahr lang, bis er sie erschöpft einfangen konnte.

6. Eurystheus befahl ihm, den Gürtel der Amazonenkönigin Hippolyte zu holen. Die Amazonen waren ein kriegerisches, sehr tapferes Frauenvolk, die nur die Mädchen aufzogen, wenn sie Kinder zur Welt gebracht hatten. Sie entfernten sich eine Brust, um ungehindert Speere werfen zu können. Der Kriegsgott Ares hatte Hippolyte mit dem Gürtel als Königin der Amazonen ausgezeichnet. Bei diesem Auftrag funkte Hera dazwischen. In der Gestalt einer Amazone

mischte sie sich unter das Volk und verbreitete das Gerücht, Herakles und seine Leute wollten Hippolyte rauben. Es kam zu einem Gefecht, in dessen Verlauf Herakles Hippolyte tötete und ihr den goldenen Gürtel wegnahm.

7. Der Erymanthische Eber war ein riesiges, alle Felder verwüstendes Untier. Herakles brachte ihn lebendig mit einem Strick um den Hals zu Eurystheus, nachdem er ihn bis zur Erschöpfung des Tieres gejagt hatte.

8. Mit einer List überwältigte er die vier Pferde des Thrakerkönigs Diomedes, die Menschenfleisch verschlangen.

9. Zur Erledigung der neunten Aufgabe musste sich Herakles nach Spanien begeben. Dort raubte er dem Geryoneus, einem Ungeheuer, dessen Körper aus drei Männern bestand, die am Bauch zusammengewachsen waren, eine Rinderherde.

10. Noch weiter weg, an den Rand der damals bekannten Welt, führte ihn der Auftrag, die goldenen Äpfel der Hesperiden zu holen. Sie waren ein Hochzeitsgeschenk der Erdgöttin Gaia an Hera und wurden von den Hesperiden (Nymphen) und einem Drachen mit hundert Köpfen in einem Garten bewacht. Durch die Einschaltung des Riesen Atlas für den eigentlichen Raub gelang es Herakles, an die Äpfel heranzukommen: Er nahm in der Zwischenzeit das Himmelsgewölbe, das Atlas zu tragen hatte, auf seine Schultern. Atlas wiederum witterte nach seiner Rückkehr die günstige Gelegenheit, das Himmelsgewölbe auf immer loszuwerden, und gaukelte dem Herakles vor, er persönlich wolle die Äpfel König Eurystheus überbringen. Herakles indes war noch gerissener: Er gab Atlas das Himmelsgewölbe wieder zurück unter dem Vorwand, er wolle sich noch ein Polster für seine Schultern herstellen, und machte sich mit den Äpfeln auf und davon.

11. Vom äußersten Ende der Welt musste Herakles in den Hades hinabsteigen, denn Eurystheus wollte unbedingt Kerberos, den Hund mit den drei Köpfen, dem Schwanz eines Drachens und dem Rücken mit Schlangenköpfen haben. Dieses Ungeheuer bewachte den Eingang zur Unterwelt. Auch diesen Auftrag meisterte der Held. Als Eurystheus aber das Tier erblickte, packte ihn so große Angst, dass Herakles es postwendend wieder dahin zurückbringen musste, wo er es hergeholt hatte.

12. Die heute gebräuchliche Redewendung «den Augiasstall ausmisten» hat ihre Wurzel in der zwölften und letzten Tat des Herakles,

die auf den Metopen des Zeustempels in Olympia dargestellt ist. Herakles sollte die Viehställe des Augias, eines Sohnes des Sonnengottes Helios, an einem einzigen Tag ausmisten, denn sie waren durch den vielen Mist völlig unbrauchbar geworden. Herakles handelte als Lohn ein Zehntel der Viehherden des Augias aus und bewältigte die Aufgabe termingerecht, indem er die in der Nähe befindlichen Flüsse Alpheios und Peneios durch einen Kanal in den Stall leitete und den ganzen Mist wegspülte.

60. Nessos oder Was ist ein «Nessoshemd»? Deianeira, die Frau des Herakles, wollte auf dem Rücken des Kentaurn Nessos (Ungeheuer mit dem Kopf und Oberkörper eines Menschen und dem Hinterteil eines Pferdes) einen Fluss überqueren. Nessos versuchte die Gelegenheit auszunutzen, um sie zu vergewaltigen. Herakles eilte seiner Frau zu Hilfe und durchbohrte den Täter mit seinen giftigen Pfeilen. Dieser wusste um die giftigen Pfeile, sammelte sein Blut und gab es Deianeira mit dem Hinweis, es sei ein Liebestrank. Sie solle das Gewand ihres Gatten damit einreiben, damit dieser nicht untreu würde. Deianeira folgte dem Rat des Kentaurn. Als ihre Ehe nun durch Iole, ein wunderschönes Mädchen, bedroht zu sein schien, erinnerte sie sich wieder an das Gewand und ließ es ihrem Mann überbringen. Zu spät erkannte sie, dass der Kentaur sie hinterlistig betrogen hatte, um sich an Herakles zu rächen: Etwas Blut war auf die Erde getropft und begann, von Sonnenstrahlen entzündet, zu brennen. Herakles hatte sich in diesem Moment das Gewand schon übergezogen und stand in Flammen. Er versuchte, die Flammen durch einen Sprung in einen Fluss zu löschen, aber vergebens, die Flammen schlugen noch heftiger empor. Dann versuchte er, das verhängnisvolle Gewand auszuziehen, aber seine Haut blieb darin hängen. Sein Freund Philoktet errichtete ihm schließlich einen Scheiterhaufen, auf dem Herakles sterbend von seinen Qualen erlöst wurde. Aus Dankbarkeit schenkte er Philoktet seine Pfeile und seinen Bogen, ihm selbst aber wurde von den Göttern Unsterblichkeit geschenkt. Deianeira nahm sich das Leben, als sie erfuhr, was mit ihrem Mann geschehen war.

61. Orion oder Warum steht ein griechischer Held als Sternbild am Himmel? Schon die Griechen, und vor ihnen die Babylonier, hatten beim Blick in den Himmel begonnen, die auf den ersten Blick am Himmel scheinbar wahllos verstreuten Sterne in kleinen Gruppen oder größeren Konstellationen, den sogenannten Sternbildern, zusammenzufassen und so zu ordnen. Sie erkannten in diesen Bildern ihre mythischen Helden wieder, die in grauer Vorzeit vorbildhaft für die Menschen große Leistungen vollbracht hatten, aber auch durch Leid und Schmerz gegangen und mit allen menschlichen Unzulänglichkeiten behaftet waren. Ihnen wurden Kultstätten gebaut und durch Opfer religiöse Verehrung entgegengebracht. Das Firmament mit seinen Sternen war im Weltbild der Griechen den Helden zugeordnet, als Mittler zwischen der Erde, auf der die sterblichen Menschen ihr mühevolles Dasein fristeten, und dem Himmel, dem Reich der unsterblichen und allmächtigen Götter.

Eines der markantesten Sternbilder ist das Sternbild des Orion. Es zeigt die Gestalt eines Riesen, der sich mit einem Schwert umgürtet hat. Über die Abenteuer dieses Helden existieren in der griechischen Mythologie mannigfache Varianten. Der Jäger und Wanderer war ein Sohn der Euryale und des Meeresgottes Poseidon, der ihn mit der bemerkenswerten Fähigkeit ausgestattet hatte, über das Meer gehen zu können. Außerdem war er ein wunderschöner, attraktiver Mann. Seine erste Ehe mit Side endete tragisch, weil diese sich mit Hera darum gestritten hatte, wer die Schönere der beiden Frauen sei, und zur Strafe für diese Überheblichkeit – als Sterblicher darf man die Götter tunlichst nicht herausfordern und provozieren! – in den Hades geworfen wurde.

Darauf begab sich Orion auf die Insel Chios und warb um Merope, die Tochter des Königs Oinopion. Dieser machte den angehenden Schwiegersohn jedoch betrunken und warf ihn an die Meeresküste, nachdem er ihn geblendet hatte. Geschlagen mit Blindheit schlug sich Orion zur Schmiedewerkstätte des Hephaistos, des kunstfertigen Gottes des Feuers, durch. Dort griff er sich einen von dessen Lehrlingen, setzte sich ihn auf die Schulter und ließ sich von ihm dorthin lotsen, wo die Sonne aufging. An ihren Strahlen konnte er sein Augenlicht wieder entzünden.

Eos, die Göttin der Morgenröte, verliebte sich in Orion und brachte ihn auf die Insel Delos. Dort soll er durch Pfeil und Bogen der Göttin Artemis den Tod gefunden haben, entweder, weil er aus Keckheit Artemis zum Diskuswerfen herausgefordert hatte, oder, weil er ein Mädchen namens Opis vergewaltigt hatte – alle unverheirateten Mädchen standen nämlich unter dem Schutz der Artemis, die jeglichen Kontakt mit Männern ablehnte. Die Widerspiegelung als Sternbild führt zu weitergehenden Varianten. Die Nähe des Skorpions weist auf seinen Tod durch einen Stich dieses Tieres. Oder die Verstirnung ist Dank für die Rettung vor diesem Tier durch Orion. Der durch den Sirius bezeichnete Hund am Sternenhimmel ist dann auch der Hund des Orion.

62. Arachne oder Warum steckt in jeder Spinne eine Weberin?
Arachne war eine junge Frau aus Lydien, die es durch ihre große Kunstfertigkeit im Weben zu Ruhm und großem Ansehen in ihrem Land gebracht hatte. In den Augen der Menschen gab es für ihr Talent nur eine einzige Erklärung: die Göttin Athene selbst müsse ihre Lehrmeisterin gewesen sein. Empört wies Arachne dies weit von sich und forderte die Göttin zu einem Wettkampf, wer am schönsten weben könne. Um die Weberin vor den Folgen ihrer Überheblichkeit zu bewahren, kam Athene darauf in Gestalt einer alten Frau zu ihr und versuchte sie dazu zu bewegen, die Göttin um Verzeihung zu bitten. Vergebens! Die Vermessenheit siegte, und so nahm Athene wieder ihre eigentliche Gestalt an und stellte sich der Herausforderung.

An zwei Webstühlen wob nun jede der beiden unterschiedliche Motive. Athene gestaltete mit Blick auf Arachne das Schicksal von Menschen, die es gewagt hatten, sich mit Göttern zu messen, Arachne wiederum Geschichten von Göttern, die würdelos ihre Identität abgelegt und sich in Tiere verwandelt hatten, um sich der Liebe mit einer sterblichen Frau hingeben zu können. Damit hatte Athene nicht gerechnet: Das Werk ihrer Herausforderin war so perfekt, dass es spielend mit ihrem eigenen gemessen werden konnte. Eifersüchtig zerriss es die Göttin und schlug mit ihrem Weberschiffchen mehrmals auf die Kontrahentin ein. Diese ertrug die Schmähungen nicht länger und erhängte sich mit einer Schlinge. Die Göttin besprengte sie darauf mit einem Zaubermittel und verwandelte sie in eine Spinne, einen Vorgang, den Ovid detailliert beschreibt: Haare, Nase und Ohren verschwanden, Kopf und Körper schrumpften, aus den Beinen wurden Finger und beherrscht wurde der verwandelte Körper nun von einem gewaltigen Bauch, aus dem der Faden kommt: So setzte Arachne auch als Spinne das Weben weiter fort.

63. Perseus und Andromeda oder Warum kommt die Rettung manchmal aus der Luft? Der Held Perseus verdankt seine Existenz einer außergewöhnlichen Idee seines Vaters Zeus. Dieser hatte sich auf der Suche nach außerehelichen Abenteuern wie so oft in eine Sterbliche verliebt, die Angebetete hieß Danae. Diese musste aber in einem unterirdischen Verließ aus Erz ihr Dasein fristen, da ihrem Vater Akrisios vom Orakel geweissagt worden war, dass sie eines Tages einen Sohn gebären würde, der ihn umbringen würde. Aber die Mythen lehren, dass die Menschen trotz aller Anstrengungen dem ihnen vorbestimmten Schicksal nicht entrinnen können. So verwandelte sich Zeus kurzerhand in einen Goldregen, tropfte auf Danaes Schoß und befruchtete sie dadurch. Perseus sollte dann später auf tragische Weise völlig unabsichtlich seinen Großvater Akrisios doch noch umbringen.

Perseus wurde von den Göttern mit einer Reihe äußerst praktischer Dinge wie Bronzeschild, Schwert, Tarnkappe und Flügelschuhen ausgerüstet. Letztere erlaubten es ihm, wie ein Düsenjet durch die Lüfte zu fliegen. Durch eine Reihe heldenhafter Taten legte er dann Beweis für seine Abstammung von Zeus ab: So hat er Medusa, eine der Gorgonen, getötet. Die Gorgonen waren grässliche Ungeheuer mit Schlangenhaaren und einem hässlichen runden Gesicht. Ihr Anblick ließ die Menschen versteinern. Das Medusenhaupt nahm Perseus mit sich und versteinerte damit den Riesen Atlas zu einem gewaltigen Gebirge, das sich im heutigen Marokko befindet, weil dieser ihm die Gastfreundschaft verwehrt hatte.

Auf einem seiner Flüge entdeckte er dann eines Tages aus der Luft ein an einen Felsen gekettetes Mädchen. Hingerissen von ihrer Schönheit setzte er sofort zum Landeflug an und befragte sie, woher sie käme und warum sie gefesselt sei. Aus Scham vor dem Mann wagt das Mädchen zunächst nicht zu antworten, dann verrät sie ihm, dass sie Andromeda heiße. Ihre Mutter Kassiopeia habe sich mit ihrer Schönheit gebrüstet und damit den Neid der Meeresnymphen, der Töchter des Meeresgottes Poseidon, provoziert. Dieser verlange nun, dass sie, die Tochter Andromeda, zur Sühne einem Meeresungeheuer vorgeworfen werde. Während Andromeda noch erzählt, kommen ihre Eltern hinzu. Geschickt nützt Perseus ihre Notlage aus und ringt ihnen das Versprechen ab, ihre Tochter heiraten zu dürfen, wenn er sie vor dem Ungeheuer rette. Da erscheint das Ungeheuer und nach einem erbitterten Kampf aus der Luft unter Einsatz seiner Flügel-

Abb. 10: Perseus tötet die Medusa. Kalktuffrelief als Metope von der Ostfront des Tempels C in Selinunt, um 540 v. Chr.; Palermo, Archäologisches Nationalmuseum

schuhe und seines Schwertes gelingt es Perseus, die Bestie zu töten. Voll Freude wird die Hochzeit gefeiert. Zuvor legt er das Medusenhaupt in den Sand und bedeckt es mit allerlei Grün, das sofort versteinert. So sind laut Ovids Erzählung in den «Metamorphosen» die Korallen entstanden: Was im Meer eine Pflanze ist, wird über dem Meeresspiegel zu Stein.

64. Pegasus oder Was hat ein Pferd mit Dichtern zu tun? Pegasus, das geflügelte Pferd, ist seit jeher ein beliebtes Motiv in der Kunst und Symbol für dichterische Inspiration. Es sprang aus dem Haupt der Gorgone Medusa hervor, als Perseus dieses abschlug. Der Meeresgott Poseidon hatte Pegasus mit ihr gezeugt. Sogleich erhob es sich in die Lüfte und begab sich zu Zeus, dem es Blitz und Donner trägt. Ovid erzählt in seinen «Metamorphosen» aber auch, dass das Pferd mit seinem Hufschlag eine Quelle im Helikon-Gebirge im griechischen Böotien zum Sprudeln brachte. Sie war den neun Musen heilig und das Trinken aus dieser Quelle regte die dichterische Phantasie an.

Was treiben die Menschen?

65. Prometheus oder Wer war der Kulturbringer der Antike? Prometheus (wörtlich: «der Vorausdenkende»), Enkel der Urgötter Uranos und Gaia und einer der Titanen, schuf in der Vorstellung der Griechen den Menschen aus Ton und galt somit als Schöpfer der Menschen. Außerdem war er ihr Wohltäter und Kulturbringer. Die Menschen wollten nämlich gerne in den Besitz des Feuers gelangen, das viele Annehmlichkeiten bot und bislang ausschließlich Eigentum der Götter war. Prometheus stahl es den Göttern und brachte es auf einer Rute auf die Erde. Er zeigte den Menschen, dass man es mit Asche bedeckt aufheben könne. Für diesen Frevel wurde er auf Zeus' Befehl von Hermes, dem Götterboten, mit Eisennägeln an einen Felsen im Kaukasus genagelt. Täglich kam ein Adler, der ein Stück seines Herzens oder der Leber fraß, das nachts wieder nachwuchs. Nach langer Zeit tötete Zeus den Adler schließlich und befreite Prometheus.

66. Pandora oder Warum sollte man nicht jede Büchse öffnen? Bevor man eine «Büchse» öffnet, sollte man genau überlegen, welche Folgen das Freisetzen des Inhaltes haben könnte. Und ob man im eigenen Interesse beziehungsweise dem der Mitmenschen und der Umwelt die Büchse nicht besser verschlossen halten sollte. Übertragen gilt das beispielsweise für Gedanken, die man vorschnell äußert und in die Welt setzt. Der Mythos von Pandora kann auch dem modernen Menschen hierin eine Lehre erteilen.

Pandora könnte man in der jüdisch-christlichen Überlieferung mit Eva vergleichen. Beides waren die ersten Frauen, die geschaffen wurden, Pandora von Zeus, Eva von Gott, beide brachten Unheil über die gesamte Menschheit.

Pandora hat ihre Existenz der Rache des Zeus zu verdanken. Er hatte sich nämlich gewaltig darüber geärgert, dass Prometheus den Göttern das Feuer gestohlen und den Menschen geschenkt hatte. Diese hatten es dankbar in Empfang genommen. Zur Strafe für die gesamte Menschheit, insbesondere für die Männer, dachte er sich Pandora als «femme fatale» aus. So wie ihr Name sagt (aus dem Griechischen übersetzt heißt er «alle Geschenke»), unterstützten ihn andere Götter dabei und statteten diese Frau, sozusagen den Prototyp aller Frauen, mit den unterschiedlichsten Gaben aus. Einerseits war

Abb. 11: Prometheus formt den Menschen. Marmorrelief eines Sarkophags um 220 n. Chr.; Paris, Louvre

sie attraktiv und begehrenswert für die Männer, andererseits verhängnisvoll. Hephaistos formte sie als wunderschöne junge Frau aus Erde und Wasser und belebte sie. Athene lehrte ihr Weisheit, bekleidete sie und brachte ihr das Weben bei. Aphrodite schenkte ihr Anmut, aber auch die Sehnsucht und das Sorgen. Hermes steuerte Keckheit, List und Beredtheit bei. Außerdem brachte er sie auf die Erde und diente sie Epimetheus als Ehefrau an.

Dieser hatte einfältig, wie er war, die Warnung seines Bruders Prometheus vergessen, niemals ein Geschenk des Zeus anzunehmen, da es Unglück über die Welt bringen würde. Als Mitgift hatten die Götter Pandora eine Büchse mitgegeben, die sie verschlossen halten sollte: Alles Unheil, alle Leiden und alle Plagen waren darin enthalten, die die Menschen damals noch nicht kannten. Aber es kam, wie es kommen musste: Die weibliche Neugier war zu groß, Pandora öffnete die Büchse und sofort quoll der unheilvolle Inhalt daraus hervor und ergoss sich über die ganze Menschheit. Sinnlos, dass sie die Büchse schnell wieder verschloss, nur die Hoffnung blieb auf dem Boden der Büchse zurück. Seitdem, so die Botschaft dieser Erzählung, werden die Menschen von Unglück, Krankheiten, Krieg, Tod und anderen Qualen geplagt.

67. Deukalion und Pyrrha oder Kannten die Griechen auch eine Sintflut-Geschichte? Ähnlich wie in der Bibel erzählen auch die antiken Mythen eine Sintflut-Geschichte. Jupiter hatte die Nase gestrichen voll von dem verruchten Menschengeschlecht und wollte es zunächst mit seinen Blitzen vernichten. Aus Furcht, daraus könne ein alles zerstörender Weltenbrand entstehen, besann er sich eines Besseren und beschloss, die gesamte Menschheit in einer gewaltigen Sintflut untergehen zu lassen. Mit Unterstützung seines Bruders Neptun ließ er darauf die ganze Erde im Wasser versinken. Nur Deukalion und Pyrrha, ein gottesfürchtiges Ehepaar, konnten sich mit einem Boot vor den Fluten retten. Sie landeten am Berg Parnass, in der Nähe von Delphi. Jupiter ließ die Wasser nun wieder weichen. Einsam und verlassen erblickten die beiden die Ödnis um sich herum und baten das Orakel um Rat. Seine rätselhafte Antwort lautete: «Werft die Gebeine der großen Mutter hinter Euch.» Deukalion deutete die Antwort richtig: Mit den Gebeinen waren die Steine der Erde gemeint. Die beiden warfen diese hinter sich und erschufen dadurch das Menschengeschlecht neu.

68. Philemon und Baucis oder Was ist der Lohn für aufrichtige Gastfreundschaft? Gastfreundschaft war in der Antike, zu einer Zeit, wo Reisen noch nicht so bequem wie heutzutage und mit sehr vielen Gefahren für Leib und Leben verbunden war, ein wichtiges gesellschaftliches Element im Zusammenleben der Menschen. Dies spiegelt sich im Mythos von Philemon und Baucis wider.

Jupiter wollte die immer schamloser werdenden Menschen auf die Probe stellen und begab sich mit seinem Sohn Merkur als Wanderer verkleidet auf die Erde. Unter dem Vorwand, eine Unterkunft und ein Nachtlager zu suchen, klopften sie an tausend Türen, wurden aber nicht eingelassen. Nur in einer kleinen, bescheidenen Hütte, die das greise Ehepaar Philemon und Baucis seit ihrer Hochzeit bewohnte, fanden sie liebevolle Aufnahme. Die beiden frommen Alten gaben sich mit den ihnen zur Verfügung stehenden Mitteln alle erdenkliche Mühe, den unbekannten Gästen den Aufenthalt so angenehm wie möglich zu gestalten und eine reich gedeckte Tafel mit wenn auch einfachen Köstlichkeiten zu bieten. Zunächst ahnten sie noch nicht, wer da bei ihnen zu Gast war. Auch nicht, als der Mischkrug, von dem sie schon so oft geschöpft hatten, sich von selbst wieder mit Wein füllte. Erschüttert hoben sie die Hände und beteten um Vergebung für das einfache Mahl. Erst als sie ihren kostbarsten Besitz, eine Gans, schlachten wollen und diese fliehend Zuflucht bei den göttlichen Gästen sucht, geben diese sich ihren Gastgebern zu erkennen und verbieten ihnen, das Tier zu töten. Darauf führen sie die beiden Alten auf einen Berg und zeigen ihnen, wie sie die anderen Menschen für ihre Herzlosigkeit bestraft und sie für ihre Gastfreundschaft belohnt haben: Alle Behausungen ringsumher sind im Sumpf versunken, nur die Hütte von Philemon und Baucis ist noch unversehrt. Die Götter verwandeln die einfache Unterkunft in einen prächtigen Tempel und fragen die beiden nach ihren Wünschen. Philemon hält Rücksprache mit seiner Frau und antwortet: Sie wollten gerne als Priester und Priesterin Jupiter in diesem Tempel dienen, in Eintracht ihr Leben zu Ende bringen und dann gemeinsam sterben, damit keiner um den anderen trauern müsse. Jupiter erfüllt ihre Wünsche und verwandelt sie bei ihrem gemeinsamen Tod in zwei nebeneinanderstehende Bäume.

69. Sisyphos oder Wer hat die Sisyphusarbeit in Auftrag gegeben? Sisyphos, der sagenhafte Gründer der Stadt Korinth, zog den Zorn des Zeus auf sich, weil er Asopos, der auf der Suche nach seiner Tochter Aigina war, verraten hatte, dass der Gott sie geraubt und auf die später nach ihr benannte griechische Insel entführt hatte. Daher war er in der Unterwelt dazu verdammt, unter Aufbietung aller seiner Kräfte einen ungeheuer großen Felsblock einen Hügel hinaufzuwälzen. Aber immer, wenn er ihn nach oben gebracht hatte und über die Kuppe werfen wollte, bekam dieser das Übergewicht, rollte wieder zurück und Sisyphos musste aufs Neue mit seiner schweißtreibenden Arbeit beginnen.

70. Pyramos und Thisbe oder Gab es auch schon in der Antike ein Liebespaar wie Romeo und Julia? Pyramos und Thisbe waren ein Liebespaar aus Babylon, dem die Väter eine Heirat untersagt hatten. Die beiden konnten sich nur per Mauerritz einer gemeinsamen Wand ihrer benachbarten Häuser miteinander unterhalten. Eines Tages verabredeten sie sich zu einem Stelldichein vor den Toren der Stadt bei einem Maulbeerbaum, in dessen Nähe sich eine Quelle befand. Thisbe traf als Erste am vereinbarten Treffpunkt ein, floh aber aus Angst vor einer Löwin, die an der Quelle mit einem mit Rinderblut besudelten Maul ihren Durst löschte. Dabei verlor sie ihren Schleier, den die Löwin darauf zerfetzte. Als Pyramos nun am vereinbarten Ort zwar die Spuren der Löwin und den blutbefleckten zerfetzten Schleier, jedoch nicht seine Geliebte vorfand, glaubte er an ein Unglück und stürzte sich aus Verzweiflung in sein Schwert. Thisbe kehrte zurück, fand den toten Geliebten und beging mit dem Schwert ebenfalls Selbstmord. Der Maulbeerbaum trägt seitdem vom Blut der Geliebten dunkle Früchte.

71. Admetos und Alkestis oder Was ist wahre Hingabe? Admetos war ein sehr frommer Mann und König von Pherai in Thessalien. Aus diesem Grund genoss er die besondere Zuneigung und Sympathie des Gottes Apollon. Eines Tages nun wollte Admetos Alkestis, die Tochter des Königs Pelias von Iolkos, heiraten. So leicht aber gab dieser seine Tochter nicht aus den Händen und verlangte von allen Freiern eine aussichtslose Mutprobe: Nur der Mann sollte seine Tochter bekommen, der es schaffte, zwei wilde Tiere, einen Löwen und einen Eber, gemeinsam vor seinen Wagen zu spannen. Apollon spannte beide Tiere zusammen und schenkte Admetos das Gespann, so dass dieser Alkestis heiraten konnte.

Bei der Hochzeitsfeier vergaß der Bräutigam bedauerlicherweise, Artemis, der Schutzgöttin der Ehe und Schwester des Apollon, zu opfern. Ihre Strafe folgte auf dem Fuß: Er fand im ehelichen Schlafzimmer ein Schlangengewimmel vor, das ihm seinen baldigen Tod ankündigte. Wieder fand er in Apollon einen Retter in Not. Der Gott versöhnte seine Schwester Artemis und erlangte von den Moiren, den

Schicksalsgöttinnen, die Zusage, dass Admetos vom Tod verschont bliebe, wenn ein anderer freiwillig für ihn den Tod auf sich nehme. Als Admetos' Vater und Mutter sich weigerten, dieses Opfer für ihren Sohn zu bringen, erklärte sich Alkestis dazu bereit und ging an Stelle ihres Gemahls in den Tod. Der Held Herakles brachte sie aber aus der Unterwelt wieder und gab sie ihrem Mann zurück. Oder Persephone, die mit ihrem Gemahl Hades in der Unterwelt herrschte, schickte sie wieder zurück zu ihrem Mann.

72. Orpheus und Eurydike oder Wer ist der beste Sänger aller Zeiten? Die Antwort auf diese Frage lautet eindeutig: Orpheus, der Sänger aus Thrakien in Nordgriechenland. Die Musik war ihm durch sein Elternhaus quasi in die Wiege gelegt: Seine Mutter war die Muse Kalliope, sein Vater der Gott Apollon. Und so machte er die Musik zu seinem Hauptberuf und wurde der erste europäische Berufsmusiker – spielend hätte er jeden heutigen nationalen oder internationalen Gesangswettbewerb gewonnen! Sein Gesang und sein Spiel auf der Lyra, ein antikes Saiteninstrument zum Zupfen, aus dem sich unsere Harfe entwickelt hat, waren so bezaubernd schön, dass er damit Menschen, wilde Tiere und die ungestüme Natur in seinen Bann zog und besänftigte.

Am Tage seiner Hochzeit ereilte ihn aber ein schwerer Schicksalsschlag und konfrontierte ihn mit den Grenzen seiner Kunst und seines Menschseins. Eurydike, seine Gemahlin, wurde von einer giftigen Schlange in die Ferse gebissen und starb. Sein Leid war so groß, dass er im Vertrauen auf seine Kunst und die Macht der Musik etwas Unerhörtes wagte: Er stieg hinab in die Unterwelt, rief Hades und Persephone, dem Herrscherpaar in der Unterwelt, die Macht der Liebe in Erinnerung und ließ dazu seine Musik erklingen. Er spielte und sang so wunderschön, dass sogar die Verdammten der Unterwelt für kurze Zeit von ihren Qualen erlöst wurden und die Rachegöttinnen hingerissen waren. Überwältigt waren schließlich auch Hades und Persephone. Sie gaben dem Sänger seine Gemahlin als «Pfand» zurück – freilich geknüpft an die verhängnisvolle Bedingung, dass Orpheus sich nicht vor dem Verlassen der Unterwelt nach seiner Eurydike umblicken dürfe. Ansonsten wäre das Geschenk vergebens. Auf einem steilen, dunklen, von Nebel umhüllten Pfad trat das Paar daraufhin in eisiger Stille den Weg in die Oberwelt an. Fast hatten sie ihr Ziel erreicht – da drehte sich Orpheus aus Angst und Sorge um

Abb. 12: Orpheus mit seiner von Hermes in die Unterwelt geleiteten Gattin Eurydike. Römisches Marmorrelief von griechischem Original von 420 v. Chr.; Neapel, Archäologisches Museum

seine Geliebte, ob sie erschöpft oder überhaupt noch da sei, doch noch um. So setzte er sich kurz vor dem Erreichen des Zieles noch über das göttliche Gebot hinweg – und verlor sogleich aufs Neue die geliebte Frau.

Von nun an wollte der Sänger nichts mehr von den Frauen wissen. Er lebte nur noch für seine Kunst und unterhielt die Tiere und die Natur mit seinen Geschichten, bis ihn eines Tages thrakische Frauen aus Wut über seine Frauenfeindlichkeit überfielen und in Stücke rissen. Seinen Kopf und seine Lyra warfen sie in einen Fluss, der beides in das Meer hinaus transportierte zur griechischen Insel Lesbos. Seine Seele aber stieg in die Unterwelt hinab und konnte dort im Elysium, den Gefilden der Seligen, seine geliebte Eurydike wieder in die Arme schließen.

73. Narzissus oder Was hat das Echo mit Narzissmus zu tun?
Echo war eine Nymphe und litt an einer dem Narzissmus ähnlichen Beziehungsstörung, wie der Narziss-Mythos zeigt. Narzissus war der Sohn des Flussgottes Cephisus und der Nymphe Liriope, hervorgegangen aus einer Vergewaltigung, und ein bildhübsches Kind. Auf die Frage an den Seher Teiresias, ob ihr Sohn ein hohes Alter erreichen würde, erhielt Liriope die Antwort: «Wenn er sich nicht erkennt.» Wie dieser Spruch zu deuten war, zeigte sich, als Narzissus sich in der Pubertät und damit an der Schwelle zum Erwachsenenalter befand. Äußerlich ein überaus attraktiver junger Mann, in den viele Mädchen und junge Männer rettungslos verliebt waren, zeigte er sich aufgrund seines harten, arroganten Wesens nicht in der Lage, Liebe, die ihm entgegengebracht wurde, aktiv zu erwidern. Er stieß alle, die sich in ihn verliebt hatten, spröde zurück. So auch die Nymphe Echo.

Echo war sehr geschwätzig und nützte diese Eigenschaft dazu, die Göttin Hera immer dann abzulenken, wenn Heras Gemahl Zeus ein Liebesabenteuer suchte und mit einer Nymphe flirtete. Eines Tages aber kam ihr Hera auf die Schliche und bestrafte sie so, dass sie fortan keine Gespräche mehr beginnen, sondern nur noch die letzten Worte ihrer Gesprächspartner wiederholen konnte. Als sie sich in Narzissus verliebte, wurde ihr diese Strafe zum Verhängnis: Hier die Nymphe, die unfähig war, mit Worten die Initiative zum Gespräch mit Narzissus zu ergreifen, um ihm ihre Liebe zu gestehen, dort Narzissus, der sich ihrer Liebe verweigerte und sie zurückstieß. Aus Kummer zog sich Echo in eine Höhle zurück und magerte so weit ab, dass nur noch ihre Stimme und ihre Gebeine zurückblieben. Letztere verwandelten sich in einen Stein. Der Klang ihrer Stimme aber blieb und wird noch heute im Wald und in den Bergen gehört, obwohl man niemanden sieht.

Einer der Verschmähten verfluchte schließlich Narzissus. Auch dieser solle, was er selbst liebe, nicht bekommen. Da nimmt Narzissus' Schicksal seinen Lauf: Bei der Rast an einer Quelle erblickt er im

Abb. 13: Narziss betrachtet sein Spiegelbild, nicht Echo. Pompejanische Wandmalerei 1. Jh. n. Chr.; Neapel, Archäologisches Nationalmuseum

Wasser eine göttergleiche Gestalt. Fasziniert von seinem attraktiven Gegenüber verliebt er sich zunächst unwissentlich in sein eigenes Spiegelbild und versucht schließlich vergeblich, den Geliebten zu küssen und zu umarmen. Da muss er plötzlich erkennen, dass es sich bei dem vermeintlichen Geliebten um sein eigenes Spiegelbild handelt. Nicht in der Lage, sich von diesem Anblick zu lösen, bricht er in

Tränen aus, die das Spiegelbild zum Verschwinden bringen. Sein Körper wird von Trauer und Verzweiflung aufgezehrt und verschwindet. An seiner Stelle befindet sich eine Narzisse. Narzissus selbst betrachtet in der Unterwelt weiterhin sein Spiegelbild im Wasser des Flusses Styx.

74. Pygmalion oder Wie schafft man sich seine Traumfrau? Am besten man nimmt Elfenbein als Werkstoff und vergewissert sich der Unterstützung der Venus, der Göttin der Liebe, wie das Beispiel des zyprischen Königs und Bildhauers Pygmalion zeigt.

Traumatisiert von den lasterhaften Frauen hat er sich für ein Leben in Isolation ohne Liebe und Sexualität entschieden, dennoch vermisst er Liebe und Partnerschaft. So schnitzt er eines Tages aus Elfenbein eine Frauenstatue, in der er alle seine Schönheitsideale von einer perfekten Frau modellhaft verwirklicht. Sie ist dem Künstler so lebendig geraten, dass er sich in einem Prozess zunehmender Selbsttäuschung in sein eigenes Werk verliebt, es berührt, küsst und mit ihm spricht. Sein Liebesverlangen steigert sich sogar so weit, dass er mit liebevollen Geschenken um die vermeintliche Geliebte wirbt und sie mit in sein Bett nimmt. Bei einem Opferfest für die Göttin Venus findet er aus dieser Selbsttäuschung heraus, gesteht sich selbst ein, dass seine Traumfrau nur aus Elfenbein sei, wünscht sich aber von der Göttin, dass sie ihm eine Gemahlin schenke, die dem von ihm geschaffenen Idealbild gleiche. Venus zeigt Verständnis, begreift sein Ansinnen und erhört sein Gebet. Nach der Rückkehr von dem Opferfest verwandelt sich die perfekte Frauenstatue unter den Küssen und Liebkosungen Pygmalions in ein lebendiges junges Mädchen, mit dem er sein Liebesverlangen stillen kann. Neun Monate später bringt sie ihm mit Venus' Hilfe eine Tochter namens Paphos zur Welt. Nach ihr wurde die Stadt Paphos auf Zypern benannt.

75. Daedalus und Ikarus oder Was trieb der Leonardo da Vinci der Antike? Daedalus (der Name kommt aus dem Griechischen und bedeutet Künstler) übertraf alle anderen Menschen an Geschicklichkeit, Kreativität und technischem Verstand und war ein unübertroffener Architekt, Bildhauer und genialer Erfinder. Seine Statuen waren so naturgetreu, dass sie bei ihren Betrachtern den Eindruck erweckten, als würden sie leben. Aber wo viel Licht ist, ist auch viel Schatten: Trotz seines hohen Ansehens wurde er eines Tages aus

Athen verbannt, weil er wegen Mordes angeklagt und vor Gericht gestellt worden war. Talos, der Sohn seiner Schwester, war zu ihm in die Lehre gegangen und entpuppte sich im Laufe der Zeit als ein dem Onkel und Lehrmeister ebenbürtiger Künstler. Er erfand die Töpferscheibe und – inspiriert durch ein Schlangengebiss – die Säge. Daedalus wurde wahnsinnig eifersüchtig auf ihn und fürchtete ob der revolutionären technischen Erfindungen seines Neffen um seinen eigenen Ruhm und sein Ansehen. Der vermeintliche Rivale musste beseitigt werden! So ermordete er ihn heimtückisch, wurde aber, als er dessen Leiche gerade begraben wollte, ertappt. Er musste auf die Insel Kreta in die Verbannung, wo König Minos, sehr stolz auf die Anwesenheit des berühmten Künstlers, sein Freund und Auftraggeber wurde.

Auf Bitten Pasiphaes, der Gemahlin des Minos, baute er dort eine seiner merkwürdigsten Erfindungen: eine künstliche Kuh. Pasiphae hatte sich nämlich in einen Stier verliebt und konnte nun versteckt in dieser Kuh endlich ihr Verlangen nach dem Stier befriedigen und sich mit ihm vereinigen. Dieser war doch tatsächlich auf die täuschend echte Attrappe hereingefallen und besprang sie! Verursacher dieser abartigen Liebe war der Meeresgott Poseidon. Aus Zorn hatte er Pasiphae bestraft, weil Minos sich geweigert hatte, ihm einen seiner schönsten Stiere zu opfern.

Leider blieb die Vereinigung in der Kuh nicht ohne Folgen: Pasiphae gebar den Minotauros, ein Ungeheuer mit Stierkopf und menschlichem Unterkörper. Entsetzt über diese Missgeburt, beschloss König Minos, sofort den Minotauros wegzusperren, und beauftragte Daedalus mit dem Bau eines Gefängnisses. Daedalus baute daraufhin das Labyrinth, das einen einzigen Eingang und so viele Irrwege und Umwege hatte, dass jemand, der es einmal betreten hatte, nie mehr wieder aus seinem Inneren herausfinden würde. Der Minotauros wurde in der Mitte des Labyrinthes eingeschlossen.

Trotz allem begann Daedalus seinen Verbannungsort immer mehr zu hassen und voller Heimweh schmiedete er Fluchtpläne: Aber wie sollte er von dieser Insel wegkommen? Seine Situation schien aussichtslos, König Minos war allgegenwärtig und in der Lage, seine Flucht zu vereiteln. Nur ein Ausweg blieb: über die Luft. Dafür erforschte er vermutlich die Aerodynamik des Flugapparates der Vögel und baute mit Federn und Wachs für sich und seinen Sohn Ikarus die Flügel naturgetreu nach und passte sie an. Bevor die beiden sich in die Luft emporschwangen, ermahnte er seinen Sohn eindringlich, die richtige Flughöhe einzuhalten, wissend um Segen und Fluch, die dem Gebrauch von Technik zu allen Zeiten anhaften. Er dürfe nicht zu dicht über dem Meer fliegen, da das Wasser die Flügel flugunfähig machen würde, aber auch nicht zu hoch am Himmel, da die Sonnenstrahlen das Wachs zwischen den Federn zum Schmelzen bringen würden. Natürlich hielt sich der Sohn im jugendlichen Überschwang, die Errungenschaften der neuen Technik auskostend, nicht an die Warnung des Vaters und stürzte schließlich kopfüber ins Meer, nachdem die Sonnenstrahlen das Wachs seiner Flügel zerschmolzen hatten. Daedalus barg seinen Leichnam und begrub ihn auf einer Insel, die noch heute den Namen Ikaria trägt. Das Meer ringsherum heißt das Ikarische Meer.

76. Theseus oder Welche Gefahren drohen bei einer Reise nach Athen? Theseus war der Sohn von Aithra aus Troizen und König Aigeus aus Athen, möglicherweise aber auch des Gottes Poseidon. Denn beide hatten in derselben Nacht mit Aithra Beischlaf gehalten. Poseidon sprach dann aber die Vaterschaft für das Kind, das sie seitdem erwartete, dem Aigeus zu. Aigeus legte sein Schwert unter einen Stein und erteilte der Mutter den Befehl, den Sohn erst dann zu ihm zu schicken, wenn der in der Lage sei, den Felsen hochzuheben und das Schwert des Vaters aufzuheben.

Als Theseus erwachsen war, folgte die Mutter dieser Anweisung und befahl ihm, sich nach Athen zu seinem Vater zu begeben. Auf dem Weg dorthin tötete er mit dem Schwert alle Ungeheuer und Wegelagerer, die für ihn und alle anderen Reisenden eine Bedrohung darstellten. Dabei schlug er sie teilweise mit ihren eigenen Waffen und Methoden. Einen Wegelagerer mit dem sprechenden Namen Korynetes, «der Knüppler», der alle Reisenden mit einem Knüppel bedrohte, brachte er um und nahm den Knüppel an sich. Dann tötete er Pitykamptes, den «Pinienbeuger», den Schrecken aller Wanderer. Jener zwang seine Opfer, mit ihm eine Pinie zur Erde zu biegen. Wenn sie sich dann an ihr festgeklammert hatten, ließ er sie plötzlich wieder hochschnellen. So wurden diese mit Wucht auf den Erdboden geworfen und kamen ums Leben.

Auch gegen Prokrustes, den «Dehner», den Sohn des Meeresgottes Poseidon, ging Theseus erfolgreich vor. Dieser hatte die eigenartige Angewohnheit, seine Gäste, wenn sie groß waren, in ein zu kleines

Abb. 14: Theseus tötet den Minotauros. Schwarzfigurige attische Amphore um 540 v. Chr.; Paris, Louvre

Bett zu legen und ihnen dann die überstehenden Körperteile abzuhacken. Waren sie klein, legte er sie in ein zu großes Bett und dehnte sie so lange, bis sie so lang wie das Bett waren. Er erlitt durch Theseus das entsprechende Schicksal. Auch der Räuber Skiron wurde sein Opfer. Dieser pflegte an einer abschüssigen Stelle am Meer zu sitzen und Vorübergehende zu zwingen, ihm die Füße zu waschen. Wenn sie sich dazu hinunterbeugten, warf er sie ins Meer. Theseus tötete ihn auf ebendiese Weise. Für Kerkyon endete ein Ringkampf mit Theseus tödlich. Er liebte es, Passanten zum Ringkampf herauszufordern und dabei zu töten.

Zusätzlich tötete Theseus noch eine ganze Reihe von Bestien: den Eber von Kremyon, den Stier, den Herakles aus Kreta zu König Eurystheus gebracht hatte, und schließlich den Minotauros auf Kreta.

77. Ariadne oder Wozu kann ein Faden nützlich sein? Ariadne war die Tochter des Königs Minos und hatte sich unsterblich in Theseus verliebt, als dieser nach Kreta gekommen war. Er wollte seinem

Abb. 15: Dionysos/Bacchus findet Ariadne auf Naxos. Pompejanische Wandmalerei des 1. Jhs. n. Chr.; Neapel, Archäologisches Nationalmuseum

Vater Aigeus helfen und die Stadt Athen von dem schrecklichen Tribut befreien, den sie an König Minos als Sühne für die Tötung seines Sohnes im vorangegangenen Krieg zahlen musste: die jährliche Lieferung von je sieben Mädchen und Jungen, die dann dem Ungeheuer Minotauros zum Fraß vorgeworfen wurden. Das Scheusal wurde in einem Labyrinth gefangen gehalten. Nachdem Theseus es dort getötet hatte, fand er leicht wieder zum Eingang zurück, weil Ariadne ihm ein Wollknäuel gegeben hatte und er den Faden beim Betreten des Labyrinths abgespult und beim Verlassen wieder aufgerollt hatte. Er entführte seine Helferin, um sie zu heiraten, ließ sie dann aber auf der Insel Naxos sitzen, weil er es sich anders überlegt hatte und dachte, es wäre eine Schande, wenn er das Mädchen nach Athen mitbrächte. Zum Glück rettete der Gott Dionysos die Verlassene und heiratete sie!

78. Aigeus oder Woher hat ein berühmtes Meer seinen Namen?
Theseus segelte zurück nach Athen, vergaß jedoch vor Begeisterung über seine glückliche Rückkehr oder – so eine andere Version – wegen der Trennung von Ariadne, sich an eine Abmachung mit seinem Vater Aigeus zu halten. Danach hätte er weiße Segel setzen sollen, wenn seine Mission erfolgreich gewesen wäre. Als nun Aigeus in der Ferne das Schiff mit schwarzen Segeln erspähte, stürzte er sich daraufhin, über den vermeintlichen Tod seines Sohnes verzweifelt, ins Meer. Seitdem heißt dieser Teil des Meeres nach ihm das Ägäische Meer.

Krieg in Theben, Krieg in Troja

79. Kadmos oder Wie unappetitlich kann eine Stadtgründung werden? Die vielfältigen Erzählungen des thebanischen Sagenkreises fasste Apollodor im dritten Buch seiner «Bibliothek» in großer Verdichtung zusammen. Danach hatte Kadmos, ein Nachkomme der Europa, in Delphi

Abb. 16: Kadmos tötet den Drachen. Rotfigurige Vasenmalerei des Python aus Unteritalien, 2. H. des 4. Jhs. v. Chr.; Paris, Louvre

das Orakel erhalten, dort eine Stadt zu gründen, wo sich seine Kuh zur Ruhe lege. Als er einer Kuh quer durch Böotien gefolgt war, kam er am Ort des zukünftigen Theben zum Halt. Er wollte die Kuh der Athene opfern, doch wurde der Quell, aus dem er Wasser holen lassen wollte, von einem Drachen bewacht, der die Wasserholer tötete. Kadmos tötete den Drachen und säte auf Anraten der Athene die Zähne aus. Daraus entstanden bewaffnete Männer, die sich gegenseitig umbrachten – Spartoi, «Ausgesäte», wurden sie genannt. Kadmos tötete die meisten, indem er Steine auf sie warf, und musste dafür einige Jahre dem Kriegsgott Ares dienen. Dann verlieh ihm Athene die Königsherrschaft und vermählte ihm Harmonia, Tochter von Aphrodite und Ares. Aus dieser Verbindung stammten Autonoë, Ino, Semele, Agaue und Polydoros.

80. Aktaion oder Wie wird man zum Hirsch? Aktaion, der Enkel des thebanischen Königs Kadmos, war ein passionierter Jäger. Auf einem seiner Jagdzüge gelangte er eines Tages mit seinen Jagdhunden in ein abgelegenes Tal, in dem Artemis, die Göttin der Jagd und der wilden Tiere, in Begleitung ihrer Nymphen gerade ein Bad nahm. Das wurde dem Jäger zum Verhängnis, denn keinem Mann war es je erlaubt, die jungfräuliche Göttin nackt zu sehen! Da sie mitten in einer Quelle stehend ihre Pfeile gerade nicht zur Hand hatte, bespritzte sie ihn mit Wasser und verwandelte ihn zur Strafe in einen ängstlichen, aber schnellen Hirschen, ein Prachtthema für Ovids «Verwandlungen»: Auf dem Kopf wächst ihm ein Geweih, die Ohren bekommen Spitzen, der Hals verlängert sich, die Arme werden zu Schenkeln, die Hände zu Füßen und rings um den Körper befindet sich nun geflecktes Fell. Dazu spricht sie die höhnischen Worte: «Es steht Dir frei zu erzählen, dass Du mich unverhüllt gesehen hast, wenn Du es noch erzählen kannst.» Voller Panik ergreift Aktaion die Flucht und erst beim Betrachten seines Spiegelbildes im Wasser erkennt er seine neue Gestalt und dass er seine menschliche Stimme verloren hat. Er kann nur noch bellen wie ein Hirsch. Inzwischen haben seine Jagdhunde den vermeintlichen Hirsch entdeckt, verfolgen ihn und zerfleischen unwissentlich ihren eigenen Herrn.

Abb. 17: Auf Befehl der Jägerin Artemis wird Aktaion von seinen eigenen Hunden zerfleischt. Rotfigurige Vasenmalerei um 440 v. Chr.; Paris, Louvre

81. Ödipus oder Woher kommt der «Ödipus-Komplex»? Die Sage von Ödipus ist eine der berühmtesten Erzählungen der Antike und geht in der verbreiteten Gestaltung auf den Athener Tragödiendichter Aischylos, also auf das fünfte Jahrhundert v. Chr., zurück.

Ödipus' Vater war König Laios und seine Mutter Iokaste, die in der Stadt Theben regierten. König Laios war prophezeit worden, dass ein Nachkomme von Iokaste ihn einst umbringen und Unheil über das thebanische Herrscherhaus bringen würde. Um dieses Schicksal zu umgehen, durchbohrte er Ödipus sofort nach seiner Geburt die Füße (damit er sich nicht fortbewegen konnte) und befahl einem Diener, das Baby im Gebirge auszusetzen. Der Diener jedoch hatte Mitleid mit dem Baby und übergab es einem Hirten aus Korinth, dem er zufällig im Gebirge begegnet war. Dieser brachte es dem korinthischen Königspaar Polybos und Merope, die kinderlos waren und sich freuten, nun ein Adoptivkind aufziehen zu dürfen. Erst von ihnen erhielt Ödipus seinen Namen – er heißt aus dem Griechischen übersetzt «Schwellfuß».

Eines Tages wurde ihm vorgeworfen, er sei nicht der leibliche Sohn von Polybos und Merope, sondern adoptiert. Um Aufschluss über seine wahre Herkunft zu bekommen, begab sich Ödipus zum Orakel nach Delphi. Dort musste er erfahren, dass er dazu bestimmt sei, seinen Vater zu töten, seine Mutter zu heiraten und Unheil über seine ganze Familie zu bringen. Tief bestürzt beschloss er, nicht mehr nach Korinth zurückzukehren, sondern sich einen anderen Aufenthaltsort zu suchen. An einer schmalen Kreuzung in der Nähe von Theben begegnete ihm dann ein Wagen mit einem fremden Mann darin – dieser Mann und Ödipus wussten nicht, dass sie Vater und Sohn sind! Es kam zu einer gewaltsamen Auseinandersetzung, wer das Vorfahrtsrecht an dieser schmalen Kreuzung habe. In der Folge dieser Auseinandersetzung erschlug der zornige Ödipus unwissentlich seinen Vater und dessen Begleiter bis auf einen Diener. Er setzte seine Fahrt fort und kam nach Theben.

In Theben herrschte große Aufregung und Trauer, denn die Thebaner hatten erfahren, dass König Laios auf dem Weg zum Orakel nach Delphi umgebracht worden sei. Laios wollte dort über die Sphinx, ein geflügeltes Ungeheuer mit Frauenkopf und Löwenkörper, eine Auskunft einholen. Diese fraß nämlich alle Einwohner auf, die ihre Frage nicht beantworten konnten: «Was läuft am Morgen auf vier, am Mittag auf zwei und am Abend auf drei Beinen und ist am schwächsten, wenn es auf den meisten läuft?» Ödipus sprang ein. Als er der Sphinx auf ihre Frage zur Antwort gab «der Mensch», stürzte sie sich vor Wut, dass doch noch ein Mensch die Lösung gefunden hatte, von dem Felsen, auf dem sie immer gesessen hatte. König Kreon, der nach dem Tod des Laios die Herrschaft in Theben übernommen hatte, bot Ödipus darauf die Hand seiner Schwester Iokaste an. So kam es, dass Ödipus unwissentlich seine eigene Mutter heiratete und König von Theben wurde.

Das Paar hatte zwei Söhne, Eteokles und Polyneikes, und zwei Töchter, Antigone und Ismene. Einige Jahre später überzog eine furchtbare Pestepidemie Theben und Umgebung. Kreon wandte sich daraufhin wieder ratsuchend an das Orakel in Delphi und musste erfahren, dass die Katastrophe daher rühre, dass der Mord an König Laios immer noch ungesühnt und der Mörder noch auf freiem Fuße sei. Tief erschüttert versprach Ödipus darauf, alles zu unternehmen, um den Mörder zu ergreifen, zunächst noch nicht ahnend, dass er selbst damit gemeint war. Er befragte den Seher Teiresias dazu und musste von jenem die ganze bittere Wahrheit erfahren. Das prophezeite Unheil nahm seinen Lauf: Aus Verzweiflung erhängte sich

Iokaste, Ödipus selbst stach sich mit einer Gewandspange seiner Mutter und Ehefrau die Augen aus und verließ als blinder, vom Schicksal geschlagener Mann mit seiner Tochter Antigone die Stadt.

82. Sieben gegen Theben oder Was war schlimmer als der Trojanische Krieg? Wie so oft waren Verwandte nicht in der Lage, die Herrschaft gerecht zu teilen. Eteokles und Polyneikes, die Söhne des Ödipus, hatten, um auch hier der Zusammenfassung eines ganzen Sagenkreises durch Apollodor zu folgen, verabredet, sich die Herrschaft über Theben im jährlichen Wechsel zu teilen. Eteokles aber ließ nach seiner Frist Polyneikes nicht wieder ans Ruder, sondern vertrieb ihn aus Theben. Dieser flüchtete sich nach Argos, mitsamt dem berühmten Schmuck der Harmonia, der Gattin des Stadtgründers Kadmos. Vor dem Königspalast geriet der Flüchtling in einen nächtlichen Kampf mit einem anderen politischen Exilanten, dem Tydeus. Adrastos, König von Argos, erkannte in den Kämpfenden die angekündigten Schwiegersöhne anhand ihrer Schildwappen. Zur Mitgift gehörte das Versprechen, sie wieder in ihre Stellung zu bringen, zunächst in Theben.

Der Seher Amphiaraos wusste indes, dass niemand außer dem König lebend zurückkommen werde, und sperrte sich gegen den Feldzug, wurde aber schließlich von seiner Gattin Eriphyle dazu beredet; sie selbst war von Polyneikes mit einem Teil des Schmucks bestochen worden. Als weitere Anführer gehörten die Argiver Kapaneus und Hippomedon sowie Parthenopaios aus Arkadien zur Siebenzahl. In Nemea machten sie Rast und verursachten den Tod des unbeaufsichtigt gebliebenen kleinen Opheltes, da sie sich von dessen Amme Hypsipyle zu einer Quelle führen ließen. Zu Ehren des Opheltes wurden die Nemeischen Spiele – einer der großen panhellenischen Wettkämpfe – eingerichtet. Dann ging es weiter.

Nach einem erfolgreichen Vorgeplänkel des Tydeus griff das argivische Heer Theben frontal und an allen sieben Toren an. Den Thebanern half aber, dass sich Menoikeus dem Seherspruch des blinden Teiresias beugte und sich für den Sieg der Thebaner opferte. In der folgenden Schlacht und auf der Flucht starben fast alle Argiver; Eteokles und Polyneikes brachten sich gegenseitig um, so dass die Herrschaft über Theben an Kreon fiel.

83. Antigone oder Wie viel kostet ein Grab? Nach dem Scheitern des Angriffs der Sieben auf Theben verbot der neue König Kreon die Bestattung der gefallenen Angreifer, unter denen sich auch Polyneikes befand, der verabredungswidrig von seinem Bruder vertrieben worden war. Antigone, seine wie des Eteokles' Schwester (und allesamt Kinder von Ödipus und Iokaste), verstieß gegen das Verbot und bestattete ihren Bruder heimlich. Zur Strafe wurde sie lebendig begraben – so Apollodor in aller Kürze. Das Grab des Bruders kostete sie das Leben.

84. Odysseus oder Welche Abenteuer hatte ein antiker Kriegsheimkehrer zu bestehen? Nach dem Ende des Trojanischen Krieges wollte der Grieche Odysseus so schnell wie möglich mit seinen Gefährten wieder auf seine Heimatinsel Ithaka, zu seiner Frau Penelope und seinem Sohn Telemachos zurückkehren – das daraus eine zwanzigjährige Irrfahrt werden sollte, hatte er dem Gott Poseidon zu verdanken, außerdem unzähligen Abenteuern mit fabelhaften Völkern, Ungeheuern und sagenhaften Gestalten. Zuerst gelangt er zur Insel der Kikonen. Die Beute aus der Eroberung der Inselhauptstadt verteilt er unter seinen Gefährten. Von dort verschlägt ihn ein Sturm zu der Insel der Lotophagen. Der Name, aus dem Griechischen übersetzt, erklärt, was die Lotophagen zu tun pflegen: Sie «fressen» die Blüten der Lotospflanze, eine Art «Rauschgift». Es versetzt die Gefährten des Odysseus, die davon probieren, derart in Euphorie, dass sie jeglichen Gedanken an Heimkehr vergessen. Odysseus muss sie gefesselt zu den Schiffen zurückbringen.

Von dort verirrt er sich mit seiner Crew auf die Insel der Kyklopen. Die Kyklopen sind gewalttätige, unkultivierte Riesen und Söhne des Meergottes Poseidon. Sie tragen mitten auf der Stirn ein einziges Auge. Bei einem Landgang entdecken Odysseus und ein Teil seiner Gefährten die Höhle des Kyklopen Polyphem. Ihm ist prophezeit worden, er werde einmal von Odysseus geblendet werden. Das Ungeheuer frisst vorzugsweise Menschenfleisch und sperrt Odysseus und seine Gefährten in seiner Höhle ein. Dann beginnt er, einen nach dem anderen zu verspeisen. Um mit den restlichen Gefährten entkommen zu können, denkt sich Odysseus folgende List aus: Er macht den Riesen mit Wein betrunken und sagt ihm, er heiße «Niemand». Dann brennt er dessen Auge mit einem glühenden Pfahl aus und blendet ihn. Die anderen Kyklopen wollen dem vor Schmerzen brüllenden

Bruder zu Hilfe kommen. Als sie aber auf die Frage, was die Ursache für das Gebrüll sei, die Antwort erhalten: «Niemand versucht mich mit Gewalt und List zu ermorden», da fühlen sie sich von ihrem Bruder verspottet und gehen unverrichteter Dinge wieder weg. Nun bindet Odysseus seine Gefährten und sich an den Bauch von Polyphems Widdern und kann so unbemerkt mit ihnen aus der Höhle fliehen. Polyphem bemerkt, dass er arglistig getäuscht worden ist, und schleudert auf die abfahrenden Schiffe der Griechen einen gewaltigen Felsbrocken, der eine Art Tsunami auslöst. Dabei betet er zu seinem Vater Poseidon und verflucht Odysseus: Dieser möge erst nach langen qualvollen Irrfahrten, nach dem Verlust aller Gefährten und auf einem fremden Schiff nach Hause zurückkehren und dort weiteres Leid erfahren.

Von der Insel der Kyklopen fährt Odysseus zur Insel des Aiolos, des Herrschers über die Winde. Dort findet er mit seinen Gefährten gastliche Aufnahme und als Gastgeschenk gibt ihm der Gott einen Schlauch mit, in den er alle für die Schifffahrt gefährlichen Winde eingesperrt hat. Die Gefährten, die argwöhnen, Odysseus habe darin Gold und Silber – die Kriegsbeute aus Troja – verborgen, können ihre Neugierde und ihren Neid nicht zügeln. Sie öffnen schließlich den Schlauch, als sich Odysseus schlafen gelegt hat. Sofort fahren alle Winde daraus hervor und schleudern Odysseus samt Gefährten und Schiffen zurück zur Insel des Aiolos. Wutentbrannt verweigert dieser den Frevelnden weitere Gastfreundschaft.

Verzweifelt begeben sie sich auf ihre Schiffe und rudern weiter zur Insel der Lästrygonen, eines menschenfressenden Volkes von Riesen, über die König Antiphates herrscht. Dieser legt eine merkwürdige Vorstellung von Gastfreundschaft an den Tag: Er verschlingt einen der Gefährten des Odysseus und befiehlt seinen Untertanen, Felsen auf die Fremdlinge und ihre Schiffe zu schleudern. Dabei gehen elf Schiffe zu Bruch, auf dem zwölften kann sich Odysseus mit einigen Gefährten zur Insel der Kirke, der Tochter des Sonnengottes Helios, retten. Diese «bezirzt» im wahrsten Sinne des Wortes seine Gefährten, indem sie diese mit einem Zaubermittel in Schweine verwandelt. Odysseus gelingt es, sich selbst durch ein Zauberkraut, das ihm Hermes, der Götterbote, gegeben hat, vor diesem Schicksal zu bewahren und von der Zauberin die Rückverwandlung seiner Gefährten zu verlangen. Diese erkennt plötzlich, wer da vor ihr steht, und will mit Odysseus sogleich ins Bett steigen. Odysseus beugt sich nicht unfrei-

Abb. 18: Kirke verwandelt die Gefährten des Odysseus in Tiere. Etruskische Tuff-Urne, Mitte des 2. Jhs. v. Chr.; Volterra, Etruskisches Museum

willig ihrem Wunsch, nachdem er ihr den Eid abgenommen hat, dass sie ihm dabei nichts Böses antun werde. Ein Jahr lang unterhalten die beiden eine eheähnliche Beziehung, dann fordert Odysseus, von seinen Gefährten angestachelt, von Kirke die Heimkehr. Diese willigt ein und bereitet alles für die Abfahrt vor, empfiehlt aber, zuvor zum Eingang des Totenreiches am Okeanos zu segeln und den Schatten des Sehers Teiresias über das zukünftige Schicksal zu befragen.

Odysseus folgt diesem Rat und gelangt mit seinen Männern zum Eingang der Unterwelt. Nach einem Totenopfer nahen die Seelen verschiedener Toten, die als Lebende eine enge Beziehung zu Odysseus hatten: Zuerst Elpenor, sein Steuermann. Ihn hatte Odysseus in der Hektik des Aufbruchs auf der Insel der Kirke vergessen. Völlig überrascht, was er im Totenreich zu suchen habe, erfährt Odysseus von ihm, dass er betrunken vom Dach des Palastes der Kirke gestürzt sei und sich dabei das Genick gebrochen habe. Er bittet Odysseus, nach seiner Rückkehr in die Oberwelt seine Leiche noch ordentlich zu bestatten und ein Steuerruder auf seinen Grabhügel zu setzen. Dann Teiresias, der ihm nach weiteren Irrfahrten und Schicksalsschlägen die Heimkehr nach Ithaka prophezeit, ferner seine Mutter Antikleia,

Abb. 19: Odysseus hört den Gesang der Sirenen. Mosaik aus Thugga (Dougga, Tunesien) des 3. Jhs. n. Chr.; Tunis, Museum Bardo

die ihm ein düsteres Bild von seiner verzweifelten Familie zeichnet. Außerdem erscheinen ihm eine Reihe mythischer Heldinnen und Helden, darunter auch Herakles.

Nach der Rückkehr aus dem Totenreich kehrt Odysseus zur Insel der Kirke zurück, erfüllt den Wunsch des Elpenor und bestattet dessen Leichnam. Noch einmal gewährt ihnen Kirke gastliche Aufnahme und prophezeit Odysseus weitere Gefahren, die auf ihn zukommen werden.

So kommt er zu den Sirenen, weiblichen Seeungeheuern, die den Oberkörper einer Frau und den Unterleib eines Vogels besitzen. Mit ihrem Gesang locken sie die Seeleute so dicht an ihre Klippen, dass deren Schiffe daran zerschellen. Von Kirke gewarnt, lässt Odysseus sich fest an den Mastbaum seines Schiffes binden und verstopft die Ohren seiner Gefährten mit Wachs, so dass sie ungeschoren an diesen gefährlichen Felsen vorbeisegeln können, ohne dass er auf den Gesang verzichten muss: Seinem Bitten gegenüber, dem Locken der Sirenen zu folgen, bleiben die Gefährten taub.

Aber schon lauern zwei weitere weibliche Meeresungeheuer an einer Meerenge auf ihn. Auf der einen Seite Skylla, mit bellender Stimme, zwölf unförmigen Füßen und sechs Hälsen mit grausigen Köpfen. Auf der anderen Seite Charybdis, die dreimal am Tag das Meerwasser einsaugt und wiederausspeit und dadurch vorüberfahrende Schiffe zum Kentern bringt und zertrümmert. Vor die Wahl zwischen Skylla und Charybdis gestellt, entscheidet sich Odysseus dafür, die Meerenge bei Skylla zu passieren, da Charybdis das sichere Verderben für ihn bedeuten würde. Skylla schnappt darauf lediglich einige seiner Gefährten aus dem Schiff und frisst sie auf.

Auf der Insel Sizilien widersetzen sich Odysseus' Männer dem Verbot, die dem Sonnengott Helios geweihten heiligen Rinder anzutasten, denn aus Hunger begehen sie «Mundraub». Die Strafe folgt auf dem Fuß: Mit Donner und Blitz tötet Zeus die noch lebenden restlichen Gefährten des Odysseus. Dieser kann sich retten, muss aber mit dem Schiff noch einmal an Charybdis vorbeifahren. Dies gelingt ihm nur, indem er sich an einem Feigenbaum oberhalb der Charybdis festklammert und wartet, bis sie sein Schiff wiederausspeit.

Auf einem Balken des zerstörten Schiffes treibt er zur Insel der Nymphe Kalypso. Sie verliebt sich in den Schiffbrüchigen und hält ihn sieben Jahre lang mehr oder weniger gegen seinen Willen auf ihrer Insel fest und versucht ihn durch das Versprechen, ihm die Unsterblichkeit zu schenken, als Gatten auf ewig an sich zu binden. Doch gelingt es ihr nicht restlos, bei Odysseus die Erinnerung an seine Frau Penelope und seine Heimat Ithaka auszulöschen. Endlich erbarmt sich Zeus seines Heimwehs und erteilt der Nymphe durch seinen Botschafter Hermes den Befehl, Odysseus ziehen zu lassen und ihn mit allen für die Rückfahrt nach Ithaka notwendigen Reiseutensilien auszustatten. So baut sich Odysseus ein Floß, mit dem er die Insel Richtung Ithaka verlässt.

Aber immer noch verfolgt ihn der Fluch des Polyphem: Poseidon zerschmettert das Floß und Odysseus kann sich nur retten, weil ihm die Meeresgöttin Leukothea einen Gürtel schenkt, den er sich wie einen Schwimmreifen um den Bauch bindet, damit er nicht ertrinkt.

Auf diese Weise wird er an eine Flussmündung auf der Insel der Phäaken gespült. Da er nackt ist, bedeckt er seine Blöße mit Blättern und tritt so vor Nausikaa, die Tochter des Phäakenkönigs Alkinoos, die mit ihren Freundinnen am Ufer des Flusses Wäsche wäscht. Sie hat Mitleid mit dem völlig verwahrlosten fremden Mann und bringt ihn in den Palast ihres Vaters, wo er gastliche Aufnahme findet und mit vielen Geschenken geehrt wird. Alkinoos will ihn sogar mit Nausikaa verheiraten.

Mit Hilfe der Phäaken gelangt Odysseus endlich in seine Heimat Ithaka. Unerkannt erreicht er seinen Palast. Der ist belagert von Freiern, die bislang vergeblich, aber sehr hartnäckig um die Gunst der treuen Penelope und damit um die Königsherrschaft gebuhlt haben – mit der Rückkehr des Odysseus rechnete nach so langer Zeit keiner mehr. Hier erkennt Eurykleia, seine Amme, beim Waschen seiner Füße an einer Narbe Odysseus' Identität. Mit Hilfe der Göttin Athene und unterstützt von seinem Sohn Telemachos tötet Odysseus die Freier. Dann gibt er sich Penelope zu erkennen.

85. Das Trojanische Pferd oder Was hat eine sagenhafte Kriegslist mit einem schädlichen Computerprogramm zu tun? Die Frage führt mitten hinein in den Trojanischen Krieg. Zehn Jahre lang hatte er schon gewütet. Erst nachdem sich der schlaue Odysseus, einer ihrer Anführer, eine raffinierte List ausgedacht hatte, gelang es den Griechen, die Stadt Troja zu erobern. Sie verbrannten ihr Lager und taten so, als seien sie abgezogen, segelten aber tatsächlich nur zur nahegelegenen Insel Tenedos. Am Strand aber ließen sie ein riesiges hölzernes Pferd zurück, das Epeios mit Hilfe der Göttin Athene gezimmert hatte, und bei dem Pferd einen Griechen namens Sinon. Dieser gab vor, ein Überläufer zu sein. Er machte den jubelnden Trojanern weis, bei dem Pferd handele es sich um ein Weihegeschenk der Griechen an die Göttin Athene, das diese bei ihrem Abzug zurückgelassen hätten. Völlig arg- und ahnungslos zogen die Trojaner das vermeintliche Geschenk, in dessen Bauch sich die tapfersten griechischen Krieger, darunter auch Odysseus, verbargen, in ihre Stadt und gewährten Sinon Asyl.

Vergeblich warnten die Priesterin Kassandra und der Priester Laokoon ihre Mitbürger vor der Bedrohung, die von diesem Pferd für die Stadt ausging. Im Gegenteil: Dass Laokoon wenig später bei einer Opferhandlung zusammen mit seinen zwei Söhnen von zwei Schlangen aus dem Meer erwürgt wurde, werteten sie als positives Zeichen und zugleich als Strafe der Götter. Erst der römische Erzähler Vergil gibt dafür einen weiteren Grund an: Der Priester habe zuvor einen Speer auf das hölzerne Pferd geworfen. Nichts konnte die Trojaner davon abhalten, die vermeintliche Befreiung ihrer Stadt mit einem ausgelassenen Fest, bei dem der Wein nur so strömte, zu feiern.

Als sie sich dann völlig betrunken und übermüdet schlafen gelegt hatten, schlug die Stunde der Griechen: Wie vereinbart, klopfte Sinon an den Bauch des Pferdes, damit die versteckten Griechen herauskriechen konnten. Mit dem Schein einer Fackel signalisierte er den übrigen Griechen auf Tenedos, dass sie anrücken sollten. Ein furchtbares Blutvergießen begann und in einer einzigen Nacht legten die Griechen Troja in Schutt und Asche.

Um die Geschichte auf das Computerprogramm zu übertragen: Mit nützlichen Anwendungen getarnt (entspricht dem Trojanischen Pferd als Weihegeschenk), entfaltet es seine schädliche Wirkung (= die griechischen Krieger, die sich im Inneren des Pferdes versteckt haben) erst, wenn es im Computer installiert ist (= das Pferd in die Stadt Troja gezogen worden ist und die Krieger darinnen zum Vorschein kommen).

Mythos und Geschichte

86. In welchem Zeitalter leben wir? Anknüpfend an ältere Traditionen, gibt Ovid am Anfang seiner «Verwandlungen» darauf folgende Antwort: Nachdem die Welt ihre heutige Gestalt erhalten hatte, entstand das goldene Zeitalter. Gewalt fehlte völlig und man lebte von dem, was die Natur freiwillig in einem ewigen Frühling bot. Als dann Jupiter Saturn vertrieben hatte, entstand eine silberne Generation. Es gab nun vier Jahreszeiten; dieses Klima machte den Bau von Höhlen oder Rindenhäusern notwendig. Man begann mit dem Ackerbau. Darauf folgte die Generation aus Bronze, die bereit war, zu Waffen zu greifen, aber doch nicht verbrecherisch war. Das änderte sich mit dem letzten Zeitalter von hartem Eisen. Moral verschwand, Bäume wurden gefällt, um Schiffe zu bauen, der Boden wurde als Eigentum verteilt und abgegrenzt, Bergbau wühlte ihn auf. Krieg aller gegen alle wurde zum Normalzustand. Das ist unsere Welt.

87. Wer war Aeneas? Das Interesse der Römer an ihrer Verbindung mit Troja bestätigte der Dichter Publius Vergilius Maro, der unter Augustus, am Ende des ersten Jahrhunderts v. Chr., der Figur des Aeneas ein ganzes Epos in zwölf Büchern widmete. Schon die Anordnung des Werkes zeigt, worauf ein römischer Dichter Wert legte. Die ersten vier Bücher spielen in Karthago. Im Angesicht der punischen Königin Dido erzählt der aus dem vernichteten Troja geflohene Aeneas seine bisherige Geschichte. Durch die List des hölzernen Pferdes (das nun Vergil mit einem römischen Pferdeopfer in Verbindung bringt) waren die Griechen nach zehnjähriger erfolgloser Belagerung endlich in die Stadt eingedrungen. Als Aeneas die Aussichtslosigkeit der Lage begriff, floh er mit seiner Familie. Den Vater (der wiederum die Penaten, die Hausgötter, in der Hand hielt) trug er auf den Schultern, an der Hand führte er seinen Sohn – mal Julus, mal Askanius geheißen – und seine Frau Krëusa. Die Erstgenannten kann er retten, immerhin hatte der Vater Anchises ihn mit der Göttin Venus gezeugt. Seine Frau verliert er auf der Flucht (und ist so frei für die Witwe Dido, beide verlieben sich auch prompt ineinander). Versuche, Plätze für Neugründungen auszumachen, scheitern; oft sind fehlerhafte Interpretationen von Orakeln schuld daran. Jetzt, nach dem kürzlich eingetretenen Tod des Anchises, ist Aeneas auf dem Weg nach Italien.

Trotz des Liebesverhältnisses und gegen den Willen der Dido hält Aeneas an seinen Auswanderungsplänen fest. Dido begeht Selbstmord und begründet so eine Erzfeindschaft mit Karthago, die das Zeitalter der Punischen Kriege Roms, das dritte und zweite Jahrhundert v. Chr., bestimmen wird. Auf Sizilien feiert Aeneas Leichenspiele für seinen Vater. Er lässt sich aber trotz subversiver Tätigkeiten der Frauen (sie verbrennen die Schiffe) nicht von der Weiterfahrt abhalten. So landet er in Cumae, um sich an der Hand der Sibylle Zukunftswissen in der Unterwelt zu holen. Es ist der Schatten seines Vaters, der ihn die Größe seiner Mission erahnen lässt und den Lesern beziehungsweise Zuhörerinnen und Zuhörern des Epos die Einordnung der Erzählung in den Rahmen römischer Vorgeschichte erlaubt.

Vergil verwendet die zweite Hälfte seiner Dichtung komplett für die Ereignisse in Latium, die ihm erlauben, eine Vielzahl der latinischen Nachbarvölker Roms in die Geschichte einzubinden. Trotz der ehelichen Verbindung mit den Latinern – König Latinus gibt seine Tochter Lavinia dem Aeneas – kommt es zum Krieg und dem Sammeln von Verbündeten auf beiden Seiten. Aeneas' Mutter, niemand anders als die Göttin Venus, beauftragt den Gott Vulcanus mit der Anfertigung eines Schildes. Es stellt in Form von Reliefs wichtige Etappen der weiteren Geschichte Roms dar. Auf dem Gebiet der späteren Stadt Rom gewinnt Aeneas die Hilfe eines Griechen namens Euander – Rom kommt ins Spiel, aber bleibt noch Generationen entfernt. Aeneas' Sohn wird erst eine andere Stadt, Alba Longa, gründen, wie wir zwischen den Zeilen erfahren; im Moment ist das nicht mehr als eine Hofstelle des Latinus. Das Epos führt auf das Ende mit blutigen Schlachten, Waffenstillständen und Leichenfeiern zu, immer wieder Anlass für aitiologische Mythen römischer Bräuche. Schließlich kommt es zum Zweikampf zwischen Aeneas und Turnus, einem Herrscher im nahegelegenen Ardea. Mit dem tödlichen Stich des Aeneas endet die Erzählung. Städtegründungen und imperiale Herrschaft kosten solche Opfer. Vergil verrät nicht mehr; aber wer den Heros Aeneas verehren wollte, konnte das in Lavinium in einem Heroon, einer alten Kultstätte, tun.

88. Dido und Aeneas oder Woran scheitert die Beziehung zu einem Kriegsflüchtling? Wie schwer es für Flüchtlinge ist, eine neue Heimat zu finden und dort Fuß zu fassen, zeigt der Mythos von Dido und Aeneas auf doppelte Weise. Dido, die Tochter des Königs von Tyros, einer Stadt im heutigen Libanon, floh nach der Ermordung ihres Gatten Sychaeus durch ihren Bruder Pygmalion aus ihrer Heimat und gelangte mit ihren Anhängern nach Libyen in Nordafrika; der Ort ist heute in Tunesien zu suchen. Dort wurde sie von König Iarbas nicht gerade freundlich aufgenommen. Um zu verhindern, dass sich die Flüchtlinge in seinem Land niederlassen, wollte er ihr nur so viel Land verkaufen, wie sie mit einer Kuhhaut umspannen könne. Seine Rechnung ging aber nicht auf! Die raffinierte und gewitzte Frau schnitt eine Kuhhaut in schmale Streifen und umgrenzte damit so viel Land, dass sie die Stadt Karthago gründen konnte und Königin dieser Stadt wurde.

Eines Tages strandete Aeneas, der trojanische Held und Kriegsflüchtling, wegen eines Sturmes mit seinen Leuten an der Küste Karthagos. Von Dido wurde er sehr gastfreundlich aufgenommen; denn sie hatte noch ihr eigenes schreckliches Schicksal als Flüchtling vor Augen. Auf ihre Bitten hin erzählte Aeneas, wie es zum Untergang der Stadt Troja gekommen war und welche Abenteuer er bislang auf seinen Irrfahrten überstanden hatte.

In diesem Moment kommen die Götter ins Spiel und versuchen wie so oft, auf dem Rücken der Menschen ihre Intrigen und Interessen auszutragen. Venus, die Mutter von Aeneas, ist beruhigt, dass ihr Sohn so freundliche Aufnahme in dem fremden Land gefunden hat und nicht mehr den Unbilden des Schicksals ausgesetzt ist. Um die Integration des Aeneas noch zu beschleunigen, veranlasst sie, dass Dido sich unsterblich in ihn verliebt. Und stürzt die Frau damit in einen gewaltigen Gewissenskonflikt, weil sie ihrem verstorbenen Gatten Sychaeus versprochen hatte, sich nie mehr auf eine Beziehung mit einem anderen Mann einzulassen. In ihrer Verzweiflung sucht Dido das Gespräch mit ihrer Schwester Anna, die sie jedoch in ihrer Liebe zu Aeneas bestärkt. Venus und Juno arrangieren nun gemeinsam, dass sich die beiden Liebenden während eines bei einer Jagd plötzlich hereinbrechenden Unwetters in einer Höhle sexuell vereinigen und damit aus der Sicht der Dido zu Mann und Frau werden.

Die Beziehung der beiden Verliebten mit unterschiedlichem Migrationshintergrund hätte bestimmt ein glückliches Ende genommen, wenn nicht Jupiter die Vorgänge in Karthago zu Ohren gekommen wären. Er hatte für Aeneas komplett andere Zukunftspläne im Sinn – dieser sollte doch nach Italien gelangen und der Gründer Roms werden! Flugs sandte der Göttervater darauf Merkur, den Götterboten, nach Karthago. Dieser erinnerte Aeneas an seinen göttlichen Auftrag und befahl ihm, Dido und Karthago umgehend zu verlassen. Pflichtbewusst, wie Aeneas war, stellte er sofort seine persönlichen Interessen und die Liebe zu Dido zurück und ließ alles für die Abfahrt rüsten. Tief erschüttert versucht die verzweifelte Dido Aeneas von seinen Plänen abzuhalten und zum Bleiben zu bewegen, schließlich sei das Ereignis in der Höhle doch eine Art Eheversprechen gewesen. Doch Aeneas bleibt hart und segelt fort. Dido sieht für sich als Ausweg nur noch den Tod. Sie verflucht den treulosen Geliebten und seine Nachkommen und lässt einen Scheiterhaufen errichten. Zunächst scheint es, als wolle sie auf ihm alle Dinge verbrennen, die sie schmerzlich an Aeneas erinnern, dann aber stürzt sie sich selbst darauf und durchbohrt sich mit dem Schwert, das Aeneas ihr einst geschenkt hat.

Die unglückliche Liebe zwischen Dido und Aeneas und der Fluch Didos erklärte den Römern, wie es zur Rivalität der beiden damaligen Supermächte im Mittelmeerraum, Rom und Karthago, gekommen war, die in den drei Punischen Kriegen mit dem Sieg Roms ihren Höhepunkt gefunden hatte.

89. Askanius oder Was haben die Römer in Alba Longa zu suchen? Unsicher, wo er seine römische Geschichte als methodenbewusster Geschichtsschreiber beginnen lassen soll, stellt Livius am Ende des ersten Jahrhunderts v. Chr. seiner Darstellung der Stadt die mythische Vorgeschichte voraus. Aeneas hatte nach der Gründung der Stadt Lavinium, die er zu Ehren seiner Gattin Lavinia so benannte, zunächst den Turnus besiegt und so eine Zeit des Zusammenwachsens von Latinern und Trojanern eröffnet. Dieser Zusammenhalt bewährte sich in der Verteidigung der Stadt gegen die Etrusker, doch Aeneas selbst überlebte die Schlacht nicht. Sein Sohn Askanius aber entschied sich nach Erreichen der Volljährigkeit, seine Mutter die Regierungsgeschäfte in Lavinium weiterführen zu lassen und den Bevölkerungsreichtum für eine neue Stadtgründung zu nutzen. Dreißig Jahre nach Lavinium entstand so am Fuße des Albaner Berges Alba Longa.

Und wie viel Zeit verging dann bis zur Gründung Roms? Das ist keine Frage, auf die ein Mythos mit einer Jahreszahl antwortet. Die Antwort darauf heißt stattdessen Genealogie – und den römischen Erzählern war klar, dass zwischen dem Trojanischen Krieg im zwölften Jahrhundert und der Gründung Roms im achten Jahrhundert einiges zu überbrücken war. Die Genealogie, die Livius referiert, sieht so aus: Auf Askanius folgte dessen Sohn Silvius, der so hieß, weil er zufällig im Wald (lateinisch *silva*) geboren worden war. Der Stammbaum setzte sich mit Aeneas Silvius fort, auf den Latinus Silvius folgte, der neue Kolonien gründete, die später den altlatinischen Bund bilden sollten: Römische Mythologie muss im ersten Jahrhundert auch immer einen Ort für die umliegende Landschaft Latium, ja zunehmend für ganz Italien finden. Auf Latinus folgte Alba, auf Alba Atys, auf Atys Capys, auf Capys Capetus, auf Capetus Tiberinus. Dieser Tiberinus ertrank im Übrigen in dem zuvor Albula genannten Fluss und gab ihm so den Namen Tiber. Auf Tiberinus folgte Agrippa, von dem Romulus Silvius die Herrschaft übernahm. Dieser wurde vom Blitz erschlagen. Ihm folgte Aventinus, nach dem einer der Hügel Roms benannt wurde, da er dort sein Grab fand. Seine Nachfolger waren Proca und dessen Söhne Numitor und Amulius. Zwar fiel die Herrschaft an den erstgeborenen Numitor, allein Amulius gab sich damit nicht zufrieden und ermordete die Söhne des Numitor. Seine Tochter Rhea Silvia machte er zur Vestalin, also zu einer Priesterin. Damit war sie zur Jungfräulichkeit verpflichtet und schied als Quelle weiterer Erben, die des Amulius Herrschaft hätten gefährden können, aus.

90. Wieso ist Mars der Stammvater der Römer? Diese Frage beantwortet Ovid in seinem gedichteten Kalenderkommentar in folgender Weise: Rhea Silvia war eine Vestalin, also eine junge Priesterin, die mit dem Dienst für die Göttin des Herdes, Vesta, betraut war. Eine ihrer Aufgaben war, des Morgens Wasser zur Reinigung des Heiligtums zu holen. Eines Tages kam sie auf einem leicht abschüssigen Weg ans Ufer und setzte den Tonkrug ab. Erschöpft setzte sie sich nieder und ließ sich vom Wind durchs Kleid fahren. Der Schatten, der Vogelgesang und das Murmeln des Wassers schläferten sie ein. Da erblickte Mars die Jungfrau, begehrte und schwängerte sie, ohne dass sie es merkte. Erschöpft und beschwert, weil mit dem zukünftigen Stadtgründer Roms schwanger, erhob sich Silvia. Sie erinnerte sich an einen gerade entschwundenen Traum: Vor dem heiligen Herd war ihr die priesterliche Binde aus dem Haar entglitten. Aber als diese den Boden berührte, wuchsen zwei Palmen daraus. Eine von ihnen beschattete die ganze Erde. Der Bruder ihres Vaters wollte sie umhauen, doch ein Specht, der Vogel des Mars, und eine Wölfin retteten beide Palmen.

Als die zur Jungfräulichkeit verpflichtete Priesterin Zwillinge gebar, war der Skandal offensichtlich. Die Statue der Vesta bedeckte ihre Augen, die Herdflamme erlosch. Amulius, der Onkel, der ihren Vater Numitor entmachtet hatte, verlangte, die Säuglinge zu ertränken, doch spülte eine Welle das Körbchen wider Erwarten ans Ufer. Eine Wölfin gab ihnen Milch und ein Specht trug immer wieder feste Speise heran. Schließlich wurden sie vom Hirten Faustulus und seiner Gattin Larentia, die als Amme amtierte, vollends aufgezogen. Sie wuchsen heran und erschlugen, kaum volljährig, zum Schutz der Hirten und Bauern Räuber. Als sie aber von ihrer Herkunft erfuhren, zögerte Romulus nicht, seinen Großonkel Amulius zu erschlagen und ihren Großvater Numitor wieder zum König von Alba Longa zu machen.

91. Romulus und Remus oder Gab es Stabhochsprung in der Antike? Die beiden Zwillingssöhne der Rhea Silvia und des Mars sannen, nach der Erzählung des Livius, auf die Gründung einer eigenen, womöglich noch viel größeren Stadt, nachdem sie ihren Großvater Numitor wieder als Herrscher eingesetzt hatten. Die demographische Grundlage dafür bot der Bevölkerungsüberschuss der Stadt Alba Longa wie der gesamten Region Lavinium, durchziehende Hirten eingeschlossen.

Als das Projekt so weit gediehen war, stellte sich das alte Familienübel wieder ein, die Herrschsucht. Wer von beiden sollte herrschen? Erstgeburt konnte bei Zwillingen nicht ausschlaggebend sein. Man entschied sich, den Willen der Götter zu befragen, Divination zu betreiben. Die Technik, die man dazu wählte, war die Form, die den Römern als die römischste erschien, die Vogelschau, das Auspizium. Die Wahl des Beobachtungsortes stellte bereits einen Vorentscheid dar: Ob genau hier die Stadt zu gründen sei, würden die Götter mit Vogelzeichen verkünden. Für diesen Wettstreit nahm Remus einen Platz auf dem Aventin ein, Romulus auf dem Palatin. Wer immer diese Geschichte hörte, wusste, dass der Aventin erst spät im Verlaufe der römischen Geschichte Teil des eigentlichen Stadtgebietes geworden war.

Der Auspizien-Wettkampf zwischen den beiden Brüdern war spannend. Andere Erzähler vor Livius hatten das in großer Länge ausgewalzt, so Ennius in seinem Epos «Annalen» zu Beginn des zweiten Jahrhunderts v. Chr. Cicero zitierte in seinem Buch über die Divination daraus viele Verse. Livius bleibt hier als Erzähler knapp. Zwar ist es Remus, der ein erstes Zeichen bekommt. Es ist auch ein glückliches. Sechs Geier können durchaus als Herrschaftszeichen gewertet werden. Romulus wird dieser Sieg des Remus gemeldet – da erhält auch er ein Zeichen. Doppelt so viele erscheinen. Das Ergebnis ist klar. Die Anhänger des Romulus rufen ihn zum König aus.

Der Geschichtsschreiber Livius ist dann pragmatisch und entscheidet sich für die knappe Version, die ihm am wahrscheinlichsten erscheint: Es kommt zum Handgemenge zwischen den rivalisierenden Gruppen und Remus wird getötet. Aber Livius räumt ein, dass es eine andere, und zwar populärere Version gibt. Sie malt die Rivalität breiter aus, lässt Remus sein eigenes Remoria gründen. Aber auch hier ist der Ausgang tödlich. Als Romulus seine Stadt Rom mit einer Mauer befestigt, macht sich Remus über sie lustig. Dass sie keine Verteidigungsanlage, sondern ein Witz ist, demonstriert er, indem er sie überspringt. Einen Stab hat er für diesen Hochsprung nicht nötig. Das ist zu viel, verstößt gegen jene Form von Unantastbarkeit, die Römer ihren Mauern zurechnen, egal wie hoch sie sind. Ein Offizier des Romulus oder – bei Livius – Romulus selbst tötet Remus: zur Abschreckung.

92. Lupercalia oder Warum schlagen nackte Männer angekleidete Frauen? Viele römische Einrichtungen und Feste, ja der Kalender selbst, werden auf Romulus, den ersten König, zurückgeführt. Manche der aitiologischen Mythen führen das Bild eines noch primitiven Rom oder gar die Zeit vor der Stadtgründung vor Augen. Einmal, so kommentiert Ovid das Fest der Lupercalia, das die Kalender am 15. Februar verzeichnen, übten sich Romulus und sein Bruder mit den Hirten mit Boxriemen, Speeren und Steingeschossen. Plötzlich wurde Alarm gegeben: Viehräuber. Wie man war, stob man auseinander, um die Räuber zu fassen. Remus jagte ihnen die Beute ab, kehrte zurück und machte sich mit seinen Gefährten, den Fabiern, über die an Spießen brutzelnden Eingeweide her, mit denen die Priester das Opfermahl vorbereitet hatten. Als Romulus unverrichteter Dinge zurückkam, blieben ihm und seinen Begleitern, den Quintiliern, nur noch leere Tische und die bloßen Knochen. Das ärgerte ihn, aber es blieb im Ritual dennoch Brauch: Man lief nackt.

Dass die nackten Läufer die Frauen, die den Laufweg der Luperci genannten Priester säumten, schlugen, hatte einen anderen Grund.

In einem der Juno geweihten Heim hatte diese den um Fruchtbarkeit Betenden verkündet: «Der heilige Bock gehe in die italischen Mütter ein!» Ein Augur fand des Rätsels Lösung, schlachtete einen Bock, schnitt Riemen aus dem Fell und schlug damit die Rücken der Frauen. Und siehe da: Im zehnten Monat wurden sie entbunden.

93. Lucretia oder Was bringt das Fass zum Überlaufen? Diese Geschichte beginnt in der Version, die Ovid erzählt, mit einer Wette. Im Feldlager vor Ardea warteten die römischen Belagerer lange Zeit vergeblich, dass sich die Gegner zur Schlacht stellen. Man unterhielt sich mit Wein und Spiel. Sextus Tarquinius, Sohn des in Rom herrschenden und militärisch erfolgreichen Königs Tarquinius Superbus, provozierte seine Kameraden mit der Frage, ob ihre Gattinnen ihnen wohl all die Zeit über die Treue hielten. Den Wettkampf im Lobreden beendete Lucius Tarquinius Collatinus mit der Aufforderung, doch nach Rom zu reiten und selbst zu schauen, wie es stehe. Die hereinbrechende Nacht bot die Gelegenheit dazu. Man ritt nach Rom und traf die Frauen der Prinzen im Gelage an. Lucretia, die Frau des Collatinus, bot ihnen dann das Gegenbild: Zu nachtschlafender Zeit saß sie im Kreise ihrer Mägde, die Wolle spinnen mussten, um dem Gatten im Felde einen Mantel senden zu können. Voll Angst um ihn brach Lucretia in Tränen aus, als er gerade hereintrat. Die liebende Schönheit am Halse ihres Mannes, das stachelte Tarquinius auf.

Auch ins Lager zurückgekehrt, konnte er nicht ablassen, an sie zu denken, sie sich immer wieder vor Augen zu führen. Tarquinius war zum Letzten entschlossen. Er ritt erneut nach Rom und wurde als Verwandter im Hause des Collatinus am Abend empfangen und zum Essen und Bleiben eingeladen. Mitten in der Nacht drang er mit blankem Schwerte in Lucretias Zimmer ein. Diese gab sich ihm nicht hin; erst als er drohte, sie zu ermorden und dies als Bestrafung für den Ehebruch mit einem Sklaven, den er tot neben sie legen würde, hinzustellen, ließ sie sich ohne Hilfeschreie vergewaltigen.

Am nächsten Morgen saß sie trauernd, weinend und stumm da. Erst im vierten Anlauf gelang es Vater und Ehemann, sie zum Reden zu bewegen. Sie erzählte den Hergang, ihr wurde verziehen, sie aber verzieh sich selbst den Fehltritt nicht und tötete sich mit einem Dolch.

Zeuge war Marcus Iunius Brutus. Er riss der Sterbenden den Dolch heraus und schwur Rache. Seinen Schwur setzte er sofort um. Er rief die Römer zusammen und berichtete ihnen den Vorfall. Dem Aufruhr konnten sich die Tarquinier nur durch Flucht entziehen; an ihre Stelle traten die Konsuln, in ihrer auf ein Jahr begrenzten Amtszeit und der Zweizahl der Kern der Republik. Brutus und Collatinus machten den Anfang.

Das Ende der römischen Königszeit ist nicht weniger blutig als der Anfang, und auch hier spielt Vergewaltigung eine entscheidende Rolle. Wird sie bei Rhea Silvia zum freudigen Ereignis, führt sie bei Lucretia zum Selbstmord und ist der Tropfen, der das Fass zum Überlaufen bringt.

94. Horatius Cocles oder Was leisten Einäugige? Die junge römische Republik stand vor großen militärischen Herausforderungen, nicht zuletzt durch das Treiben der geflohenen etruskischen Königsdynastie. Bald stand mit Porsenna eine tödliche Gefahr vor den Toren Roms. Die feindlichen Scharen rückten schnell heran und eroberten das Janiculum, den am etruskischen Ufer vorgelagerten Hügel, der immer als Wachtposten gegen plötzliche Überfälle diente. Livius, der diesen Mythos in der Darstellung der frühen republikanischen Geschichte erzählt, zeichnet die militärische Situation mit klaren Strichen. Mit dem Fall des Janiculum stand Rom offen, wenn es nicht gelang, die über den Tiber führende Holzbrücke zu verteidigen.

Die kleine Wachtmannschaft drohte den Kopf zu verlieren, wenn sie nicht von einem aufgehalten worden wäre: Horatius Cocles, dessen Name vermuten lässt, das er schon in früheren Heldentaten, die wir nicht mehr kennen, ein Auge eingebüßt hatte. Er forderte seine Leute auf, die Brücke abzubrechen, solange er den Zugang zu ihr gegen die Etrusker verteidige. Von nur zwei Adligen, Spurius Larcius und Titus Herminius, begleitet, hielt schon diese Kühnheit die Feinde einige Zeit zurück. Als der Abriss der Brücke unmittelbar bevorstand, gebot er beiden, sich zu retten. Er selbst forderte einen beliebigen oder alle der etruskischen Führer zum Kampf heraus. Erst nach einigem Zaudern griffen sie alle zugleich an. Durch seinen jetzt gespickten Schild geschützt, hielt Cocles noch immer stand. Da krachte die Brücke unter dem Jubelgeschrei der Römer zusammen und hielt den Angriff erneut auf. Cocles rief den Flussgott Tiberinus an, stürzte sich in den Fluss und erreichte trotz heftigen Beschusses unverletzt die Seinen. Ein Standbild, eine Landschenkung und Lebensmittelgaben aller – trotz des Mangels – bezeugten die Dankbarkeit der Republik.

Wenn auch Livius die Historizität des Cocles bezweifelte – die des Porsenna ist heute durch etruskische Wandinschriften zweifelsfrei gesichert.

95. Decius Mus oder Was ist eine Devotio? Römische Helden sind vom Volk gewählt und haben Beamtenstatus. Das trifft in besonderer Weise auf Publius Decius Mus zu, dessen Name bis in die Spätantike präsent war. Die Erzählung des Livius machte ihn zu einem Vorbild frühneuzeitlicher Fürsten, die ihn in zahllosen Bildern um sich wissen wollten.

Im Jahr 340 v. Chr. führten die Römer Krieg gegen die Latiner – wir befinden uns in der Schlussphase der Latinerkriege, die 338 v. Chr. mit dem endgültigen römischen Sieg enden werden. Beide Konsuln, die das Heer anführten, Decius ebenso wie Titus Manlius Torquatus, hatten ein Traumgesicht. Es verhieß, dass in der Schlacht auf einer Seite der Feldherr, auf der anderen das Heer den Totengöttern und der Mutter Erde gehören werde. Daher werde die Seite gewinnen, deren Befehlshaber sich und die Feinde «hinabweihen» werde. Alle Zeichen bei der Eingeweideschau am nächsten Morgen bestätigten die Traumverheißung: Einer der Konsuln müsse sterben. Man informierte das Heer, damit es nicht in einem solchen Falle den Mut aufgebe, und verabredete, dass sich derjenige «hinabweihen» solle, auf dessen Seite die römische Schlachtreihe ins Wanken gerate.

Bevor es dazu kam, wurde noch ein anderes Exempel statuiert. Der Sohn des Torquatus hatte sich befehlswidrig auf ein Scharmützel eingelassen. Obwohl er siegreich blieb, ließ ihn der Vater hinrichten, da ein Römer militärische Disziplin über persönliche Tapferkeit stellen müsse. Der Hingerichtete wurde dann mit allen militärischen Ehren begraben.

Die Schlacht fand zu Füßen des Vesuvs statt. Als der linke römische Flügel unter dem Ansturm der Feinde zu weichen begann, verlangte Decius nach dem Pontifex Marcus Valerius, einem Priester. Dieser hieß ihn, die purpurgesäumte Toga über den Kopf hochzuziehen, die Hand unter der Toga ans Kinn zu führen und auf einen Speer zu treten. Dann sprach er ihm die Formel der «Devotio» vor, die die römischen Götter um Hilfe anrief und ihn selbst mitsamt dem gegnerischen Heer den Totengöttern und der Mutter Erde weihte. Decius warf sich auf ein Pferd und in die Mitte der Feinde hinein. Von übermenschlichem Aussehen erschien er nun und erzeugte eine Verwirrung, die das ganze gegnerische Heer erfasste. Die Römer nahmen den Kampf mit großer Heftigkeit auf, aber Torquatus schonte die Reserve noch. Erst als sich der Angriff der letzten gegnerischen Reihen erschöpft hatte, setzte er sie ein und schlug den Gegner vernichtend. Die Leiche des Decius fand man aber erst am nächsten Tag unter dem größten Leichenhaufen der Feinde und bereitete ihm ein angemessenes Begräbnis.

Mythen und Mysterien

96. Welches ist der geheimste Mythos? Manche Mythen bieten Wissen, das nicht mehr für das Zusammenleben in dieser Welt bestimmt ist, sondern für ein erfolgreiches Bestehen der Fährnisse des Jenseits, damit wir dort nicht einem zweiten und endgültigen Tode verfallen. Solche Mythen werden nur im vertrauten Kreise erzählt und Medien anvertraut, die als Begleiter auf solchen Reisen dienen können. Die Goldblättchen, die ihre Hoffnung auf den Dionysos oder Bacchus genannten Gott setzen und den Verstorbenen mit ins Grab gegeben wurden, sind ein Beispiel dafür. Nur wenige Texte mit einschlägigen Empfehlungen für die Verehrer und Kenner des von Orpheus überlieferten Wissens sind länger. Sie lassen eine Erzählung erahnen, die hinter den Anweisungen steht.

Im Totenreich, so klären sie auf, gibt es eine Quelle bei einer weißen Zypresse. Was alle Seelen dort tun, nämlich sich zu erfrischen, soll der Eingeweihte gerade vermeiden. Er würde sich mit dem Trank das Vergessen zuziehen und damit alle Einweihungen und das damit erworbene Wissen aufgeben. Stattdessen soll er kühles Wasser vom See der Erinnerung suchen. Natürlich wird es bewacht. Aber die Wächter werden das Trinken zulassen, wenn sie so angesprochen werden: «Ich bin ein Sohn der Erde und des gestirnten Himmels; aber von Durst bin ich ausgedörrt und vergehe: drum gebt mir rasch kühles Wasser, das vom See der Erinnerung fließt.» So erfrischt, vermag die Seele des Eingeweihten den langen heiligen Weg zu gehen, der zur ewigen Seligkeit, zur Insel der Seligen führt. Auch dieser Gang ist zu Lebzeiten, ist im Ritual immer wieder geprobt worden. Nur wer sich zu Lebzeiten in der erzählten Welt zu orientieren vermag, wird im Tod den Weg zu gehen wissen.

97. Isis und Osiris oder Wer sucht noch immer einen Gatten? Den bekanntesten Mythos ägyptischer Religion kennen wir nur durch einen griechischen Erzähler, Plutarch, also vom Anfang des zweiten Jahrhunderts n. Chr. Er scheut sich nicht, den Mythos nahtlos in griechische Theogonien einzubauen.

Rhea vereinigte sich demnach mit Kronos, doch wollte der Sonnengott, Helios, die Geburt des Kindes verhindern: In keinem Monat könne sie es gebären. Hermes gewann aber der Mondgöttin beim

Brettspiel Bruchteile der Tage ab, die dazu reichten, fünf neue Tage dem Jahr «hinzuzusetzen», jene fünf Tage, die erst zusammen mit den zwölf dreißigtägigen Monaten das ägyptische Jahr vollmachen. Am ersten von ihnen gebar Rhea Osiris, an den folgenden Tagen Horus, Typhon, Isis und Nephthys. Vater der ersten beiden war Helios; Vater von Typhon und Nephthys war Kronos.

Osiris wurde schon bei seiner Geburt als König angekündigt. Er brachte den Ägyptern Ackerbau, Recht und Religion und befriedete die ganze Welt, indem er ihnen Sprache und Künste statt Waffen nahelegte. Während dieser Abwesenheit hielt Isis den Typhon, der schon unter schrecklichen Vorzeichen geboren wurde, in Schach. Nach der Rückkehr aber erlag Osiris einer List. Typhon ließ eine nach Osiris Körpergröße hergestellte Truhe zu einem Fest bringen, die demjenigen versprochen wurde, der präzise hineinpasse. Das gelang nur Osiris. Doch kaum lag er darin, schlugen die Mitverschwörer des Typhon die Kiste zu, versiegelten sie und ließen sie durch den Nil aufs Meer hinaus treiben.

Isis lief nun trauernd und suchend umher und erfuhr von Kindern, welchen Weg die Truhe genommen hatte. Schließlich erfuhr sie, dass sie im phönizischen Byblos an Land gespült und von einem Baum umwachsen worden war. Diesen hatte der König von Byblos zum Pfosten eines Daches gemacht. Auf dem Umweg einer Ammentätigkeit erlangte sie ihn schließlich, ließ das gewachsene Holz zurück und nahm den Sarg mit auf ein Schiff. Sie öffnete den Sarg und betrauerte den Toten. Während ihrer Rückkehr zu ihrem Sohn Horus aber fand Typhon zufällig die Truhe. Er erkannte die Leiche und zerstückelte sie in vierzehn Teile. Isis suchte nach ihnen, fand auch immer wieder Teile und begrub sie – eine Aitiologie für die vielen Osiris-Gräber, die in Ägypten verehrt wurden. Allein das Glied blieb verschwunden.

Osiris kam nun aus dem Totenreich zu seinem Sohn Horus und stachelte ihn weiter zur Rache an. Schließlich wurde Typhon – in anderen Mythen der grundsätzliche Gegenspieler der guten Weltordnung – besiegt. Mit Isis zeugte der schon tote Osiris noch ein Kind, doch entstand aus dieser Verbindung nur noch eine schwächliche Frühgeburt, Harpokrates.

98. Was macht der Vogel Phönix? Der verbreitete Mythos von Phönix konnte auch zur Ausschmückung von Gräbern von Christen oder christlichen Heiligtümern verwendet werden. So erzählt ihn in einer knappen Fassung wohl zu Beginn des zweiten Jahrhunderts n. Chr. ein ansonsten unbekannter Clemens als Sprecher stadtrömischer Christen in einem Brief an Christen in Korinth.

Im Osten, genauerhin in Arabien, so Clemens, gibt es ein unglaubliches Zeichen. Dort existiert ein Vogel, der Phönix genannt wird. Es gibt nur einen einzigen von dieser Art, aber er wird fünfhundert Jahre alt. Immer dann, wenn er an sein Lebensende kommt, baut er sich ein Nest. Dieses Nest besteht aus Weihrauch, Myrrhe und exotischen Gewürzen. Nach Ablauf seiner Zeit bezieht er dieses Nest und stirbt dort. Sein Fleisch verfault. Aus diesem Fleisch entsteht nun ein Wurm. Dessen Nahrung besteht aus den feuchten Ausscheidungen des Kadavers. Dem Wurm wachsen Flügel. Schließlich ergreift er das gesamte Nest mit dem Skelett des Phönix und fliegt los, von Arabien bis nach Ägypten. Wenn er in der Stadt Heliopolis angekommen ist, fliegt er dort zum Altar des Sonnengottes Helios, der der Stadt ihren Namen gab. Dies tut er am helllichten Tag, wenn alle ihn beobachten können. Er legt das Nest mit den Resten dort nieder und fliegt als Phönix zurück. Die Priester des Tempels nehmen Einblick in ihre Chroniken und stellen fest, dass genau fünfhundert Jahre seit dem letzten Besuch vergangen sind.

Für den Christen Clemens ist diese Geschichte nicht nur ein Maßstab von Zeit und Bewunderung ägyptischer Tempelchronologie. Er erzählt den Mythos als etwas Gegenwärtiges, sozusagen naturwissenschaftlich Beglaubigtes, ähnlich wie das Wunder von Getreideaussaat, Zerfall des Samens und dem Wachstum neuer Frucht. Daran glauben alle: Warum dann nicht an die Auferstehung von Jesus Christus nach seiner Kreuzigung?

99. Wer fand das leere Grab? Eine der wirkungsvollsten Erzählungen der mittelmeerischen Antike ist die Geschichte von der Kreuzigung eines Juden aus Galiläa namens Jesus. Die prozessualen Details der Geschichte wie ihre frühe Bezeugung sprechen für ihre Geschichtlichkeit und frühe Autoren stellen sie nach den Regeln antiker Biographie und Geschichtsschreibung dar. Aber erzählt oder auch nur auf sie angespielt wird in der Weise eines Mythos: eine Geschichte von göttlichem Eingreifen in die menschliche Welt, die Grundlage für das von Erzählern und Zuhörern geteilte neue Verständnis der Welt ist.

Von einem als Markus bekannten und vielleicht in Rom in griechischer Sprache schreibenden Verfasser stammt die älteste detaillierte Darstellung. An einem hohen Feiertag, dem ersten Tag des Festes der ungesäuerten Brote, das an den Auszug der Israeliten aus Ägypten erinnerte und mit dem Essen eines Lammes begangen wurde, hielt Jesus mit seinen Anhängern ein Festmahl. Er wusste, dass einer seiner Gefolgsleute ihn an die Hohenpriester verraten hatte, und verfluchte ihn. Das Brot und der Wein, die zeremoniell verspeist wurden, deutete er als seinen Leib und sein Blut.

Im Bewusstsein des bevorstehenden Todes betete er in einem nahegelegenen Grundstück, das Gethsemane hieß, dass ihm dieses Schicksal doch erspart bleiben möge. Doch während er seine Begleiter noch tadelte, dass sie eingeschlafen seien, leitete der Verräter Judas Iskariot bereits Bewaffnete zu ihm, die ihn festnahmen und vor das oberste Gremium jüdischer Selbstverwaltung in der römischen Provinz, den Hohen Rat, führten. Das Eingeständnis, dass er der Messias sei, wurde vom Hohepriester als vollendete Gotteslästerung bewertet und mit dem Beschluss beantwortet, ein Todesurteil bei der römischen Verwaltung zu erwirken.

Der örtliche römische Provinzverwalter Pilatus bekam in seinem Verhör keine Antwort, sah aber den Neid der Hohenpriester als treibende Kraft. Er versuchte den Fall loszuwerden, indem er der Volksmenge Jesus als Empfänger der üblichen Fest-Amnestie anbot, doch die aufgewiegelte Menge verlangte einen Mörder namens Barabbas. Um das Volk nicht weiter aufzubringen, gestand Pilatus eine schwere Auspeitschung und die Kreuzigung zu. Die römischen Soldaten trieben ihren Spott mit dem angeblichen König der Juden, bevor sie ihn mit zwei weiteren Verbrechern zur Kreuzigung außerhalb der Stadt, nach Golgatha, führten. Die Kreuzigung (die auf einen langsamen und qualvollen Tod durch Kreislaufversagen zielte) erfolgte am Vormittag. Zur Mittagszeit trat eine dreistündige Sonnenfinsternis ein. Danach starb Jesus mit den aramäischen Worten «Mein Gott, mein Gott, warum hast Du mich verlassen?». Der Vorhang im Jahwe-Tempel riss im selben Moment entzwei.

Pilatus war vom frühen Tod Jesu überrascht, überließ aber angesichts des anbrechenden Sabbats die Leiche den Angehörigen. Ein Angehöriger des Hohen Rates stellte ein Felsengrab und Leichentücher zur Verfügung und verschloss das Grab.

Am übernächsten Tag gingen drei Frauen, Maria aus Magdala, Maria, die Mutter des Jakobus, und Salome, zum Grab, um die Leiche zu salben. Als sie bei Sonnenaufgang ankamen, entdeckten sie, dass der Türstein entfernt war. Im Grab empfing sie ein junger Mann in einem weißen Gewand, der ihnen verkündete, dass der gekreuzigte Jesus von Nazareth auferstanden und im Grab nicht zu finden sei. Allein in Galiläa könnten sie ihn wiedersehen, wie er angekündigt habe. Dem Auftrag, diese Botschaft den anderen mitzuteilen, kamen die Frauen aber nicht nach, so entsetzt waren sie.

100. Was ist Inhalt der wahren Erkenntnis? Unter den frühen Christen wurden nicht nur Geschichten über Jesus erzählt, sondern auch Mythen, die wie die älteren Erzählungen über die Weltentstehung gebaut waren. Wir kennen sie vor allem aus den Schriften derer, die diese Formen der Erkenntnis, der «Gnosis», ablehnten und überall dort Sektenbildung am Werk sahen, wo wir vor allem einzelne Autoren wahrnehmen. Den angeblichen Anhängern des römischen Christen Valentinus (Mitte des zweiten Jahrhunderts n. Chr.) schreibt Epiphanios (im vierten Jahrhundert n. Chr.) folgenden Mythos zu:

Am Anfang schloss der immer junge, beide Geschlechter in sich vereinigende Urvater alles in sich, ohne dass das Eingeschlossene ein eigenes Bewusstsein hatte. Aber das in ihm eingeschlossene «Denken» (das präzise «Schweigen» genannt werden müsste) wollte heraus und gewann die «Größe» zu einer geschlechtlichen Vereinigung. Daraus entstand der «Vater der Wahrheit», der auch «Mensch» genannt wird. Das weibliche «Schweigen» verband sich mit dem männlichen «Menschen» aufgrund ihres gemeinsamen Anteils am Licht und brachte so die «Wahrheit» hervor. Die Wahrheit brachte ihren Vater durch ihre Wollust dazu, sich mit ihr immerwährend zu vereinen. Die Frucht dieser Vereinigung war ein Abbild der schon bestehenden Vierheit von dem «Abgrund» genannten Urvater, Schweigen, Vater und Wahrheit, nämlich: Mensch, Kirche, Wort (Logos) und Leben.

Mensch und Kirche vereinigten sich und brachten zwölf Wesen hervor, die selbst zeugungsbegierig waren. Männlich waren Paraklet («Herbeigerufener»), Väterlicher, Mütterlicher, Ewigdenkender, Wollender (das Licht) und Kirchlicher. Weiblich waren Glaube, Hoffnung, Liebe, Einsicht, Seligkeit, Weisheit. Wort und Leben brachten zehn Wesen hervor: Männlich waren Abgründiger, nie Alternder, Selbstgewachsener, Einziggeborener, Unbesieglicher, allesamt Namen, die Eigenschaften des alles umschließenden Abgrundes bezeichnen, weiblich waren Umarmung, Vereinigung, Vermischung, Einheit,

Lust, allesamt Namen, die Eigenschaften des weiblich gedachten Schweigens bezeichnen.

Der alles Umschließende zog aus der auf Dreißig aufgelaufenen Zahl der Wesen die beiden anfänglichen Vierergruppen wieder zurück, damit diese vor aller Zeit vorhandene Achtheit ruhen konnte. Um die Dreißigzahl zu erhalten, rief er eine neue Achtheit hervor, den Ersten, Dritten, Fünften und Siebten als männliche, Zweiheit, Vierheit, Sechsheit und Achtheit als weibliche Elemente.

Weitere Vereinigungen innerhalb der ursprünglichen Dreißig vollendeten die Ruhe in diesem Prozess. Aber aus ihnen gingen die Lichter des Sternenhimmels hervor, die sich nun außerhalb des «Denkens» befanden. Das Schweigen wollte sie und die ihnen verteilte Erkenntnis retten und vereinigte sich mit der zweiten Achtheit durch den Heiligen Geist, ihren Willen. Aus ihrer komplizierten inneren Vereinigung schuf diese Achtheit wiederum eine Fünfheit von Zeugungsbegierigen, die allesamt männlich waren und «Söhne der Mitte» (zwischen Gut und Böse) genannt wurden.

101. Mithras oder Wo sind die Grenzen unseres Wissens? Der Kult des ursprünglich in Kleinasien verehrten Gottes Mithras als unbesiegbarem Sonnengott verbreitete sich in der römischen Kaiserzeit über das gesamte Imperium. Die oft höhlenartig angelegten Kultgebäude finden sich in Nordafrika wie am britannischen Hadrianswall, an der Rheingrenze wie im südöstlichen Donauraum. Die Bilder in diesen Mithräen stellen einen Mythos dar, der in antiken Texten nur in Anspielungen erhalten ist. So bleibt nur der Versuch, aus den vielen Bildern und Hinweisen, die sicher wie in allen anderen Fällen aus einer Vielzahl von Mythenvarianten stammen, eine Grundlinie herauszupräparieren, wie sie vermutlich so in der Antike nie erzählt wurde, aber doch wiedererkannt worden wäre.

Geboren wurde Mithras aus einem Felsen. Schon der Neugeborene trug Messer und Fackel, war bestimmt, das Licht zu bringen und den Stier zu töten. Aber Mithras spendete auch Wasser, indem er mit einem Pfeil auf einen Felsen schoss. Wem er damit den Durst löschte, wissen wir nicht; die Person, die sich an dem Wasser labte, bleibt anonym.

Mithras' eigentliche Bestimmung war aber der Kampf gegen den Stier, der schließlich zum Sieg führte: Mithras konnte den Stier davonschleppen und opfern. Die Tötung des Stiers, die selbst in einer

Abb. 20: Mithras tötet den Stier. Bemaltes Relief, Ende des 3. Jhs. n. Chr.; Rom, Thermenmuseum

Höhle erfolgte, ist in vielen Heiligtümern das zentrale Motiv. Mithras kniete über dem Stier, riss ihm den Kopf hoch und tötete ihn mit dem Dolch durch einen Stich in den Nacken. Die Tötung war ein kosmogonischer Akt: Mithras erschuf so Welt und Leben. Aus dem Schwanz des Stieres wuchsen Ähren, ein Skorpion versuchte an den Stierhoden zu kommen, auch Hund und Schlange suchten, aus dem Opfer zu schöpfen. Der Kosmos, die Planeten oder Tierkreiszeichen waren Zeugen, wie die Sonne den Mond besiegte, wie aus Tod Leben wurde.

Epilog: Leben die Mythen noch?

Kein Zweifel! Wohin man schaut, sind sie präsent, nicht nur in mythologischen Handbüchern und Einführungen neuesten Datums. Oft liegen sie an der Oberfläche, in Produktnamen oder Logos. Sie werden in Kinderbüchern nacherzählt oder verfilmt, und das im weltweiten Maßstab. Längst hat Bollywood hier Hollywood abgelöst. Manchmal ist die Verpackung aufwendiger und der mythologische Kern schwerer zu entdecken, der die Handlungen von Romanen bei Thomas Mann, Doris Lessing oder Christoph Ransmayr strukturiert. Die Leitmedien wechseln in der Geschichte. Römische Mythen werden heute kaum noch in Teppiche eingewebt, Mythenreliefs schmücken kaum noch Wohnhäuser. Aber noch immer werden Aphroditestatuen aus Beton in Baumärkten angeboten, finden sich mythische Szenen auf feinem Porzellan oder auf T-Shirts. Auch die Popularität einzelner Mythen hat ihre Epochen. Schon die antiken Mythographen haben Mythen gegen das Vergessen gesammelt, wie die Gebrüder Grimm ihre Märchen. Aber an die Seite der Verlustgeschichte tritt eine Geschichte von Erfindungen und weltweitem Austausch. Wir können heute Mythen aus Afrika, Amerika, Indien oder China im Taschenbuchformat erwerben und uns in Erzählwelten entführen lassen, die nicht die Lebenswelt begründen wollen, die die unsere ist. Aber es sind Erzählungen einer einzigen Welt. Und im Spiegel der antiken Erzählungen über Götter, Heroen und Menschen ist vieles weniger exotisch, als es uns zunächst erscheinen mag.

Buchtipps für Kinder, Lehrer und Neugierige

Antike Mythen eignen sich noch immer zum Erzählen, aber oft nicht in den Formen vielbändiger Epen oder knapper Inhaltsangaben, die uns überliefert sind. Besonders geeignet scheinen uns (für aufsteigendes Alter): Rainer Crummenerl, *Das will ich wissen: Der Sternenhimmel* (Würzburg: Arena, 2004); *Ilias und Odyssee,* nacherzählt von Walter Jens (Ravensburg: Otto Maier, 1999); Dimiter Inkiow, *Als Zeus der Kragen platzte* (2. Aufl., München: dtv, 2008); Franz Fühmann, *Die Sage von Trojas Fall* (München: dtv, 1999); Gerhard Fink, *Die schönsten Sagen der Antike* (Frankfurt/Main: S. Fischer, 2002).

Vielfältige Anregungen und Material für den Unterricht bieten in der Reihe «Antike und Gegenwart» *Europa, Ikarus, Orpheus: Abendländische Symbolfiguren in Ovids Metamorphosen,* bearbeitet von Friedrich Maier (1998) sowie *Daphne, Narcissus, Pygmalion: Liebe im Spiegel von Leidenschaft und Illusion in Ovids Metamorphosen,* bearbeitet von Rudolf Henneböhl (2004, beide Bamberg: Buchner, jeweils mit Lehrerkommentar).

Die wichtigsten antiken mythischen Texte liegen in guten deutschen Übersetzungen vor. Das gilt für Homers *Ilias* und *Odyssee* ebenso wie für Hesiods Werke und Vergils *Aeneis* mit Übertragungen oder zweisprachigen Ausgaben im Reclam-Verlag. Das Argonautenepos des Apollonios von Rhodos ist herausgegeben, übersetzt und erläutert von Reinhold Glei und Stephanie Natzel-Glei (Darmstadt: Wissenschaftliche Buchgesellschaft, 1996, 2 Bde.). Eine handliche zweisprachige Ausgabe von P. Ovidius Nasos *Metamorphosen* mit Erläuterungen und einem ausführlichen Glossar stammt von Michael von Albrecht (Stuttgart: Reclam, überarb. Aufl. 2004). Ovids gedichteten Kalenderkommentar kann man in der zweisprachigen Ausgabe von Niklas Holzberg (*Fasti,* 2., verb. Aufl., Düsseldorf: Artemis und Winkler, 2001) lesen. Kai Brodersen hat Apollodoros' Bibliothek, die *Götter und Helden der Griechen,* nicht nur herausgegeben und übersetzt, sondern auch mit einem erschöpfenden glossierten Register versehen (Darmstadt: Wissenschaftliche Buchgesellschaft, 2004), ebenso Palaiphatos' «Unglaubliche Geschichten» unter dem Titel *Die Wahrheit über die griechischen Mythen* (Stuttgart: Reclam, 2002). Eine handliche Auswahl der von Hyginus gesammelten *Fabulae/Sagen der Antike* hat Peter Waiblinger zweisprachig herausgegeben (2. Aufl., München: dtv, 2008).

Anstelle vieler knapper oder alter «Handbücher» muss man für eine nähere Beschäftigung mit einzelnen mythologischen Figuren oder Göttern auf das von Hubert Cancik und Helmuth Schneider herausgegebene Lexikon *Der Neue Pauly: Enzyklopädie der Antike* (Stuttgart: Metzler, 1997-2002, 12 Bde., rezeptionsgeschichtlicher Teil in den Bänden 13-15/3) verweisen. Insbesondere die von Fritz Graf, aber auch von anderen Spezialisten erarbeiteten Artikel verbinden die Darstellung der mythologischen Traditionen mit Sachinformationen zu Kulten und antiken wie modernen Deutungen. Für die antike Ikonographie bleibt das *Lexicon Iconographicum Mythologiae Classicae* eine unerschöpfliche Fundgrube (Zürich: Artemis, 8 Doppel-Bde. und Supplemente, 1981-2009). *Reclams Lexikon der antiken Götter und Heroen in der Kunst* (von Irène Aghion, Claire Barbillon, François Lissarrague; Stuttgart 2000) liefert dazu eine handliche Zusammenfassung und Ergänzung der Rezeptionsgeschichte.

Für eine allgemeine Behandlung des Problems der Mythologie ist Fritz Grafs *Griechische Mythologie: Eine Einführung* anregend (2. Aufl., Regensburg: Patmos, 2004). G. S. Kirks *The Nature of Greek Myths* (Harmondsworth: Penguin, 1974) bleibt weiter grundlegend und ist leider nicht ins Deutsche übersetzt. Anders Paul Veyne, *Glaubten die Griechen an ihre Mythen? Ein Versuch über die konstitutive Einbildungskraft* (Frankfurt/Main: Suhrkamp, 1987). Einen nicht minder anregenden Zugang über bildliche Darstellungen bieten Paul Zanker und Björn Christian Ewald, *Mit Mythen leben: Die Bilderwelt der römischen Sarkophage* (München: Hirmer, 2004).

Für die griechische Religion bleibt die Darstellung von Walter Burkert, *Die griechische Religion der archaischen und klassischen Epoche* (Stuttgart: Kohlhammer, 1977; 2. Aufl. für 2010 angekündigt) die erste Wahl. Pauline Schmitt-Pantels und Louise Bruit Zaidmans *Religion der Griechen* bietet eine gute Einführung (München: Beck, 2002). Für Rom leistet das Jörg Rüpke, *Die Religion der Römer: Eine Einführung* (2. Aufl. 2006), ergänzt durch dens., *Zeit und Fest: Kulturgeschichte des Kalenders* (2006, beide München: Beck); das Handbuch von Georg Wissowa, *Religion und Kultus der Römer* (ND 1971 der 2. Aufl. von 1912, München: Beck) ist noch immer nicht ersetzt.

Bildnachweis

Berlin, akg-images: 1, 20 (Werner Forman); 2, 4, 6, 7, 8, 11, 12, 14, 16, 17, 19 (Erich Lessing); 3 (Pirozzi); 5, 18 (Gerard Degeorge); 9 (Gilles Mermet); 10, 13 (Nimatallah); 15 (Electa).

Die zwölf Taten des Herkules im Vorsatz sind zitiert nach Marilena Karabatea, Griechische Mythologie, Athen 1997.

Die Vignetten sind zitiert nach Carl Otfried Müller, Carl Oesterley, Friedrich Wieseler, Denkmäler der alten Kunst II, Heft 1–4, Göttingen 1877.

Danksagung

Am Schluss dieses Bandes gilt es Dank zu sagen – zunächst dem Lektor, Dr. Stefan von der Lahr, der dieses Buch anregte, und den Mitarbeiterinnen im Hause C.H.Beck, Andrea Morgan und Beate Sander, für die ebenso freundliche wie effiziente Begleitung der Endphase der Drucklegung. Die eingeflossenen Ideen verdanken wir vielfach der Diskussion mit Kolleginnen und Kollegen in unterschiedlichen Kreisen: Aus dem Göttinger Graduiertenkolleg «Götterbilder, Gottesbilder, Weltbilder» möchten wir insbesondere Annette Zgoll, Gregor Kratz und Herman Spieckermann nennen. Aus der Kollegforschergruppe «Religiöse Individualisierung in historischer Perspektive» an der Universität Erfurt gilt unser Dank insbesondere Katharina Waldner, Clifford Ando und Richard Gordon. Auch die Diskussionen im Arbeitskreis zur Historisierung von Religion und religiöser Historiographie haben unser Nachdenken über Mythen sehr beeinflusst; hier seien stellvertretend Susanne Rau, Blossom Stefaniw und Martin Mulsow genannt. Und jenseits aller Strukturen gilt es, Bettine Menke und Alf Lüdtke zu danken. Am Evangelischen Ratsgymnasium haben Gespräche mit Kolleginnen und Kollegen ganz unterschiedlicher Fächer von den alten Sprachen bis zur Musik manche Anregung erbracht.

Die Damen Julia Carls, Alexandra Dalek, Ulrike Frenzel und Elisa Groff halfen bei der Literaturbeschaffung, und Elisabeth Begemann hat schließlich eine letzte Korrektur und die Erstellung des Registers übernommen. Ihnen allen gilt unser Dank.

Namenregister

zusammengestellt von Elisabeth Bergemann

Seiten mit bildlichen Darstellungen sind kursiv angegeben